译文科学

科学有温度

DESMOND MORRIS
THE NAKED APE

50周年纪念版

裸猿

［英］德斯蒙德·莫利斯 著
何道宽 译

上海译文出版社

谢 词

本书针对一般读者，因此不征引权威论述。因为引语会使行文不畅，那只适用于技术性较强的著作。但在撰写的过程中，我参阅了许多精彩的原创性论文和著作，所获良多，岂能不谢。书末按章节所列之文献仅为权威篇目举要。接着的"主要参考文献"则比较详尽。

许多同事和朋友直接、间接地以讨论、通信等方式给予惠助，特此感谢。特别要感谢的有：Dr. Anthony Ambrose，Mr. David Attenborough，Dr. David Blest，Dr. N. G. Blurton-Jones，Dr. John Bowlby，Dr. Hilda Bruce，Dr. Richard Coss，Dr. Richard Davenport，Dr. Alisdair Fraser，Prof. J. H. Fremlin，Dr. Robin Fox，Baroness Jane van Lawick-Goodall，Dr. Fae Hall，Prof. Sir Alister Hardy，Prof. Harry Harlow，Mrs. Mary Haynes，Dr. Jan van Hooff，Sir Julian Huxley，Ms. Devra Kleiman，Dr. Paul Leyhausen，Dr. Lewis Lipsitt，Mrs. Caroline Loizos，Prof. Konrad Lorenz，Dr. Malcolm Lyall-Watson，Dr. Gilbeert Manley，Dr. Issac Marks，Dr. Tom Maschler，Dr. L. Harrison Mathews，Mrs. Ramona Morris，Dr. John Napier，

Mrs. Caroline Nicolson，Dr. Kennedy Oakley，Dr. Fances Reynolds，Dr. Veron Reynolds，The Hon. Miriam Rothschild，Mrs. Claire Russel，Dr. W. M. S. Russel，Dr. George Schaller，Dr. John Sparks，Dr. Lionel Tiger，Prof. Niko Tinbergen，Mr. Ronald Webster，Dr. Wolfgang Wickler，Prof. John Yudkin。

必须说明，列举诸君大名旨在表示感谢，并不意味着他们必然同意我在本书中表达的观点。

最后，我要感谢弗朗斯·德瓦尔教授为《裸猿》50周年版赐序，他是当今世界灵长类研究的领军人物，他的评论令人感佩。

前 言

不顾明确的警告——也许正是因为这些警告吧——我在大学念生物学时阅读了《裸猿》。我的荷兰教授傲慢地说，有些书是严肃的科学家不能碰的，因为它们瞄准的对象是头脑简单的公众。列在他这个榜单之首的就是这本惊世骇俗的新书《裸猿》。这位先生说，这本书没有任何严肃的内容，他满脸不屑、厌恶。那时，我还没有听说过这本书，但教授的抨击使我好奇，我迫不及待地跑出去买了一本。《裸猿》令人耳目一新，而且不敬鬼神。自此，我一直喜欢这本书。

这一幕发生在 1967 年，50 年前。如今，我们已习惯于议论人类演化和人类行为的各种各样的书籍，比如爱德华·威尔逊（E. O. Wilson）和理查德·道金斯（Richard Dawkins）、斯蒂芬·平克（Steven Pinker）和斯蒂芬·杰·古尔德（Stephen Jay Gould）的著作，更不用说针对一般读者的有关动物行为的书，比如鄙人的书《我们知道动物多聪明吗？》（*Are We Smart Enough to Know How Smart Animals Are?*）。但我们有时忘了，习惯于这类书的趋势起始于《裸猿》。此前，没有人针对一般读者写过有关人类演化最新研究成果的书。相比而言，以前的著作味同嚼蜡、书斋气十足。莫利斯的《裸猿》走红，被翻译成 28 种语言，售出了 1 200 余万册，显然刺激了大量模仿之作：《激情的猿》（Passionate Ape）、《思考的猿》（The Thinking Ape）、《疯狂的猿》（The Crazy Ape）等十余种。但原创的《裸猿》大红大紫，罕有与之匹敌者。它仍然雄踞畅销书榜单一百强，是入选的唯一生物学著作。

其书名闪闪发光，但带有一丝丑陋的色彩（那时"裸"仍然是一个粗俗词）。其调子却是它成功的密钥。他自述，撰写《裸猿》的时间是"令人爆炸、筋疲力尽的四个星期"，时间之短令人吃惊。读者感觉到他那气喘吁吁、率性自然的文风。莫利斯师从诺贝尔奖得主、动物行为学家尼科·廷贝亨（Niko Tinbergen），他弹起了恰切的叙事调子，描绘我们通常不曾察觉的人类的古怪习惯。他邀请我们用客观的棱镜看自己，仿佛我们是局外人，审视我们身陷窘境的样子。我们偏爱把自己置于高台之上，他却非常幽默地把我们放在地上。书里还有一些裸露的性行为素材，细腻的前戏笔法——都是这个古怪灵长类动物求偶阶段的一部分。他调侃地指出："他引以为豪的是，他的脑容量在所有的灵长类动物中名列榜首，但是他的生殖器之大也使他在灵长类动物中位居第一。"面对书里对性交习惯的关注，而不是对脑力的描写，有些读者可能会晕厥过去。但这正是赋予它震撼价值和成功的密钥。

同时，《裸猿》又是别具一格、更为严肃的经典。比如莫利斯提出，人的闲聊和灵长类动物的梳理功能相同，有助于维持社会纽带与和谐共处。几十年后，这一看法变成了一种严肃的演化理论：闲聊取代了互相关照的梳理动作，从而刺激了语言的演化。他还推测，配对的纽带是反制男性首领称霸的方式，它把部落里的女性平均分配给男性。反过来，这被视为适度减弱竞争的机制，它使男性可以结队外出狩猎，共享资源。这一看法在人类学里仍然富有活力。比如，在400万年前人类祖先地猿（Ardipithecus）的遗存里，考古学家发现了磨损的犬齿，他们认为，这是和平生活的迹象，暗示单偶制可能已经形成。

诸如此类的演化猜想是直接出自《裸猿》的。遗憾的是，罕见有人把这类猜想归功这本书。它肯定被学界人士读过，但它被远远地搁置在科学界主流圈子之外。半个世纪以来，我们的知识大大增长，比如我们对倭黑猩猩（另一种阴茎很大的猿猴）的性习惯有更多的了解，对合作和利他行为的各种演化方式也多有了解了。我们不能据此诘难一本半个世纪前的书，说它没有呈现最新的知识。这本书仍然很值得一读，因为它的主要长处与其说是在数据和理论上，不如说是在它遵循的思路上。莫利斯像演化生物学家那样思考，谋求的是如何解释人的行为，依据的是行为如何有助于生存和繁殖。他呈现我们这个物种奇异性行为和社会行为的问题——任何生物学家都想要解答的问题，比如：我们裸体和直立行走的源头、同性恋问题、女性性高潮问题、游戏在艺术和文化里的作用问题。直至今天，这一切问题尚有争议。使这本书读之兴味盎然的是它的思想模式，而不是它的结论。

今天读这本书，我不太注意它强调先天胜于后天的地方，比如作者对生物学意义上的性差异的思考。这是因为生物学的威力如今已不是问题，被视为理所当然了。不过请记住，《裸猿》问世时，诸如此类的提议是不允许的：基因影响人类行为，性行为塑造了社会而不是相反。人类被视为人类自己的作品。文化使人之所以成为人——这是昔日的表述，遗传学被排除在论辩的范围之外。打破这一禁忌对莫利斯之类的生物学家来说显然是重要的一步，无疑，这就是《裸猿》最伟大的贡献。它在一个理念上戳了一个大洞：人之初犹如一块白板。作者的文风拔掉了一个非常敏感话题的刺芒。它的成功一劳永逸地证明，人们已经准备好用演化论的观点来思考自己的生活了。

弗朗斯·德瓦尔①

2017 年

---

① 弗朗斯·德瓦尔（Frans de Waal，1948— ），荷兰灵长类动物学家、动物行为学家，现为美国埃默里大学灵长类动物行为学教授、荷兰乌得勒支大学特聘教授，入选荷兰皇家艺术与科学院院士、美国国家科学院院士以及美国艺术与科学院院士，2007 年当选《时代》周刊评选的全球百大影响力人物。其著作已被翻译成十多种语言，在世界各地出版发行，代表作有《我们知道动物多聪明吗?》《黑猩猩的政治》。——译者

序　言

　　真难以置信，《裸猿》初版问世已过去半个世纪。更难以置信的是，在我 90 岁时，我还能站在这里庆贺它出版 50 周年。

　　《裸猿》产生如此强烈的反响，为何？首先，它被视为惊世之作，而斗胆的作品往往命长。但在我个人看来，它并无惊世之处。我只不过是用一己之见讲述人类的真实情况。我是动物学家，多年研究其他动物的行为，如今研究不同寻常的灵长类智人，只不过是再迈出一小步而已。我把研究重点放在我们与其他动物相同的行为上，所以，《裸猿》的章节名与我研究一种小鱼的博士论文的章节名大同小异，就不足为奇了。为了突出我的动物学径路，我赋予"人"这个物种一个新的名字——裸猿，从外星来访的动物学家考察我们这个小小行星里的许多生命形式时，可能会用上这样的命名吧。

　　以此为出发点，我直言不讳地讲述我所见的真相，这是个成就非凡的物种的故事。有批评者云，把人当作动物来讲述，那是对人的贬损。但对我而言，这是把人这一动物的研究提升到一个新的高度，与我毕生关心的其他物种研究是同样的高度。我在第二次世界大战中长大，不看好成人，他们嗜血厮杀、互相屠戮。在一篇课外作文里，我把人描绘为"脑子有病的猴子"。为逃避所谓文明的恐怖，我转向其他物种。我观察动物，如痴如狂，我更喜欢蟾蜍、蛇和狐狸，而不是枪炮和炸弹。那场战争把我变为动物学家。许多年后，我才接受这一事实：人类毕竟有一些值得研究的特别品格。人们不互相折磨、杀戮或恐吓时，他们的确有一些饶有趣味的动物属性。从性行为来看，人们结成一个独特的联盟，他们对孩子的呵护无与伦比，他们的游戏模式在动物王国里独占鳌头。我开始对他们热情起来。

我起初研究鱼类，继后研究鸟类、哺乳类，以后又长期研究黑猩猩，逻辑上的下一步就是研究人类了。我开始搜集人类演化和人类行为的资料。资料备足以后，我请了一个月假，暂时摆脱伦敦动物园哺乳动物馆馆长繁忙的事务，夜以继日地奋笔疾书。假期快结束时，我完成了八万字，达成预期目标。初稿就是我的定稿。我将稿子放进文件袋，把它带到我的出版商在一家书店里举办的聚会上。我没有复写本，因此当他随手把我的手稿放在身旁的书架上时，我真担心他会把我的稿子遗失或遗忘。所幸的是，他带走了这个文件袋，在圣诞期间编读了我的手稿。

《裸猿》1967 年 10 月问世后，我被三帮人围攻。首先是学界的围攻，他们说，这本书缺乏参考文献、脚注和索引。其实这些省略全都是刻意为之，我想直接对一般读者说话，不想为了给其他学者留下印象而表现出博学。我多年参与学术游戏，但我厌倦了，觉得许多学术游戏都是科学家在炫耀地位，学术著作几乎没有可读性。这些人忘掉了交流的必要，他们玩起圈内人的游戏，与圈子里的对手竞争，而不是为了传播思想。我想要的是告诉人们：我如何看待人类。因此，我用最简单明快的语言书写，宛若与人交谈，而不是给人上课。今天我仍然不会为这样的书写而表示歉意。

第二种攻击者说，这本书羞辱宗教。我把人视为上升的猿类而不是堕落的天使，这冒犯了他们的尊严。有一次，我上电视为这本书辩护。一位主教怒怼我问，我是否认为人有灵魂。我注意到，狡猾的政客总是用反问来对付难缠的问题，所以我问他是否认为黑猩猩有灵魂。从他的肢体语言我看到，我的问题使他不安，因为他知道，如果他说黑猩猩有灵魂，他就会使传统的追随者感到不安。这些追随者认为，正如《圣经》所言，一切动物都是"无知的野兽"。另一方面，如果他说黑猩猩没有灵魂，他又会使追随者中虔诚的动物爱好者感到不安。他陷入了两难困境。不过，不拥有外交官的口才是当不上主教的，所以停顿一阵以后，他回答说，黑猩猩拥有一个小小的灵魂。我接着回应道，那么我认为人是一种非常伟大的动物。

事实上，我不想被拽进有关我个人宗教信仰的辩论。我这本书讲的是人的行为，有关人如何行动，我不讲人思考的方式。我描绘教徒参与的活动，解释这些活动对群体的价值。但这并不能制止他们对我的追击。

第三种攻击来自被我入侵领地的其他专业人士。我是动物学家，似乎没有权利闯进人类学、心理学和社会学专家的世界。我撰写《裸猿》的 20 世纪 60 年代，那些领域的研究主题是：人的一切所作所为纯粹是后天的行为，和远古的祖先没有关系，和我们的基因遗传也没有关系。我在这里说，我们的基因不仅影响我们眼睛的颜色和我们的解剖学特征，而且它们也在决定我们的行为方式上起到一定的作用。批评我的专业人士觉得，这样说太离谱了。然而，如果他们像我一样研究一些动物的行为，他们就知道，每一种动物都从行为模式的继承中获益；没有理由认为，人会有所不同。诚然，和其他物种相比，我们拥有非凡的灵活性和创造力，但即使那样的品质也是我们继承下来的。这是我们童年期游戏性（playfulness）的延伸，这样的游戏性和其他动物的游戏性相同。不过，我们将其延展到成年生活中，只不过成年期的游戏性更严肃，我们赋予它们新的名字比如艺术创新或科学发明而已。

自《裸猿》1967 年出版之日起，我一直在默默地观察遗传因素如何影响人类行为，别有一番乐趣，科学界越来越多地接受遗传的影响了。如今，人们已广泛认可，我们的生物编程赋予我们一套遗传信息（genetic suggestions）：如果我们要享受充实的人生，我们该如何行事。经过训练，我们也许能偏离这一套遗传信息的路径。如果真的偏离，我们就可能会遭受多种挫折和精神障碍，因为这些偏离的日常生活方式并不适合我们人类的生物个性。

也许你已经注意到，我用的措辞是遗传信息，而不是遗传指令

（genetic instructions）。这是因为，这些影响因子并不僵化，我们做一点小小的弯曲时，并不会造成太大的损害。只有在严重偏离悠久的行为模式时，才会出现麻烦。撰写《裸猿》时，我试图说：这就是人演化的方式，这些行为模式就是我们天然的动物品性。这是不凡的品性，我们是非凡的动物。在我看来，这不是贬低人的信息，而是解放人的信息。耄耋之年，回顾人生，我没有偏离人的生物秉性，没有在那些偏离的活动上浪费光阴。

德斯蒙德·莫利斯

2017 年

目 录

绪　论

现存的猴类和猿类共有 193 种，其中的 192 种全身长毛。唯一例外的物种是一种全身裸露的猿类，他自诩为智人（Homo sapiens）。这个不同寻常、成就卓绝的物种，花费大量的时间去研究他高级的动机，与此同时也花费同样多的时间来忽略他的基本动机。他引以为豪的是，他的脑容量在所有的灵长类动物中名列榜首，但是他的生殖器之大也使他在灵长类动物中位居第一。对于这一事实，他却竭力加以掩盖，宁可把这一殊荣送给力大无穷的大猩猩。他精于言辞、敏于探索、拥挤群居，对于他这种猿类行为的基本情况，我们现在理应进行仔细的考察。

我是动物学家而裸猿是一种动物。所以他自然成为我笔下的描写对象。我拒绝再回避他，因为他的一些行为模式是相当复杂、令人印象深刻的。我研究他的理由是：在变得博学多才的过程中，他仍然是一种没有体毛的猿类；在获得高尚的动机时，他并未丢掉自己土气而悠久的旧动机。这常常使他感到尴尬，可是他旧有的冲动伴随他的时间已有数百万年之久，而他新近获得的冲动至多不过数千年。而且，即使他想要挣脱整个演化史中积累在身的生物遗传，那是没有希望迅速办到的。如果他正视这个事实，他就不会那么忧虑，而会更有成就感。在这一点上，动物学家也许能助他一臂之力。

过去对裸猿的这一行为所做的研究中最奇特的特点之一是它们几乎总是规避裸猿一目了然的特征。早期的人类学家争先恐后地跑到最难如愿的地方去，企图揭示人类的特性。他们分散到世界各地那些死水一潭、长期停滞的文化中去。这些文化并不是典型的人类文化，它们在演化的过程中未获成功，故而已濒临绝境。如此这般调查以后，这些人类学家带回来的，是奇异的婚配习俗、奇特的亲属称谓、怪诞的原始宗教仪式。他们把考察原始部落所得的材料当作重要的核心材料，仿佛这些奇异的东西对了解全人类的行为最为重要。当然，他们的调查极为有趣、很有价值；它告诉我们，一群裸猿误入文化死胡同以后，会出现什么情况。它说明了在社会不完全崩溃的情况下，人的行为模式还能偏离常轨多远。但它没有告诉我们任何关于典型裸猿的典型特征。要揭示裸猿的特征，只能靠调查主流文化中一切普通的、成功的成员所共有的共同模式来完成，这些成员共同代表了绝大多数的主流文化。从生物学的意义上说，这是唯一稳妥的研究方法。与此相对的是，老式的人类学家会争辩说，他们所研究的技术简陋的原始部落更接近问题的核心，先进文明的成员离问题的核心较远。我认为情况不是这样。当今之世生活着的、技术简陋的部落，并不是真正的原始部落，而是智力发展受挫的部落。真正的原始部落并没有经历几千年而存活到现在。裸猿从本质上说是一个不断探索的物种；任何停滞不前的社会，在一定程度上说必然是失败了的、"出了差错"的社会。这个差错使它停步不前，使这一物种不断探索的天性受到阻碍，使其了解周围世界的努力遭受挫折。早期人类学家在这些发展受阻的部落中所研究的特征，很可能正是干扰它们进步的特征。因此，如果以早期人类学家调查所得的信息为基础，去构建我们人类行为的总体模式，那就是一种危险的做法。

与此形成鲜明对比的是，精神病学家和心理分析学家比较接近问题的实质。他们把重点放在人类主要标本的临床研究上，遗憾的是，他们的许多早期研究，虽然没有受到早期人类学家所提供的信息的影响，但是仍然有一些偏颇。不错，他们的理论建立在对人类主流文化中的社会成员所进行的临床研究上，然而他们所研究的个体，仍然不可避免地是在某方面异常的、残损的标本。倘若这些人心智健全、有所建树，因而是典型的个体，他们就不会去看精神医生了，也就不可能给精神病学家的信息库提供资料了。在此我又得声明，我无意贬低精神治疗和精神分析研究的价值。在人类行为模式如何崩溃这一点上，他们的见地非常深刻，他们的研究使我们大开眼界。我只不过觉得：在探讨全人类基本的生物学特性时，如果太注重早期的人类学和精神病学的研究成果，那是不明智的。

（我应该补充说明，人类学和精神病学的现状正在迅速变化。这两门学科中的许多现代学者已开始认识到他们早期研究中存在的种种局限，他们日益转向研究典型的、健全的个体。一位研究者最近说道："我们过去的研究是本末倒置的。我们努力去研讨反常的东西，现在才亡羊补牢，把重点放在正常的东西上。"）

本书使用的研究方法，在搜集材料方面有三个主要来源：（1）关于人类过去的信息，即古生物学家发掘的信息，以及凭借人类远祖的化石及其他遗存所了解到的信息；（2）比较个体生态学家（comparative ethologist）研究动物行为所提供的信息，即通过详细观察许多不同的动物，尤其是与人类最接近的猴类和猿类所获取的信息；（3）有关裸猿自身的信息。通过简明、直接地观察当代主要文化中成功的主流标本，了解其最基本的、最广泛的相同的行为模式，如此所能搜集到的有关裸猿的信息。

鉴于这一任务规模宏大，所以有必要使其略有几分简化的色彩。

我的做法是，在很大程度上不考虑人类技术和语言的细节，只集中研究人类生活中与其他物种有明显可比基础的那些方面，诸如摄食、梳理、睡眠、争斗、交配、育儿等活动。面对这些基本的问题，裸猿的反应是什么？他的反应与猴类和猿类的反应有何异同之处？他在哪方面有独特之处？他的奇特之处与他的演化过程有何关系？

研讨这些问题时，我意识到要冒风险开罪人。有人不愿意认认真真考虑自身的动物属性。也许他们认为，我用赤裸裸的动物语言来探讨这些问题，有损于我们人类的形象。对此，我只能向他们保证，我无意贬低人类。还有人会因为动物学家侵入他们的专业领地而愤愤不平。然而我确信，这种研究方法极有价值；它可能会有这样那样的不足，可是它对于揭示我们这个无与伦比的物种那纷繁复杂的本性，会给人以新的（在有些地方甚至是出乎意料的）启示，使人感到耳目一新。

第一章
起　源

有一家动物园的一只铁笼上挂着一块牌子，上面只有一句简单的说明——"这只动物是科学新发现"。笼子里关着一只松鼠，其四脚呈黑色，是在非洲捕捉到的。非洲大陆上过去从未发现过黑足的松鼠。人们对它毫不了解，还没有给它命名。

对动物学家来说，这是一个迫在眉睫的挑战。它独特的生活习性是什么？它与现在已知的、已为动物学家所描绘过的 366 种其他种类的松鼠有何区别？由于某种未为人知的原因，在松鼠这一科动物的演化史上，这只松鼠的祖先分离出来，成了一支独立的繁殖种群。什么环境因素使它们分离出来以后成为新的物种呢？起初，新的变化趋势一定是微不足道的，只反映在某一地区的一小群松鼠身上，它们发生轻微的变异，增强了对环境的适应力。但是，在变异的初始阶段，它们还能与附近的近亲交配并繁殖后代。这个新的亚种在当地的特殊环境中，较之其他的亚种略占优势，但它仅仅是一个亚种，很容易湮灭，任何时候都可能重新融入松鼠科的主流品系之中。随着时间的流逝，这个新的亚种日益适应其独特的环境；果如此，总有一天会出现这种情况：如果它们从近亲中分化出来，而不与之发生混血，对它们的演化将更为有利。到了那个阶段，它们的社会行为和性行为将发生特别的变化，使其与别的松鼠难以交配并最终完全不可能交配。初期的变化可能是解剖学上的变化，它们更适应当地的食物，后来它们求偶的叫声和炫耀的行为也会随之变化，以确保它们吸引的配偶全都是新的亚种。最后，一个新的物种终于在演化中产生出来。这是一个独立的、与别的松鼠显然有别的新物种，一种独特的生物，即第367种松鼠。

这一只关在笼子里的尚未确定种属关系的松鼠，我们在观察它时，对它上述的演化情况只能进行猜测。只有一点我们能够确信，那就是皮毛的斑纹，即其四脚上的黑色毛发。这一点说明，它是一种新发现的动物。但是，皮毛的斑纹仅仅是外表的体征，正如病人的皮疹只能是医生诊断的线索一样。如果真要弄懂这一新的物种，我们只能将这些线索作为起点，它们只能说明有东西值得我们深究。我们可以猜想这只动物的历史，但这样做既轻率冒昧，又充满风险。相反，我们的第一步必须要稳重谨慎，我们只给它贴上一个简明的标签，把它叫作非洲黑足松鼠。对于它行为的各个方面以及身体结构的各个方面，我们都必须做出详细的观察和记录，看看它与别的松鼠有何异同之处。然后，我们才能一点一滴地积累资料，逐渐拼合出它的全部历史。

我们研究诸如此类的动物，有一个最大的优势：我们自己不是黑足松鼠。这个研究对象迫使我们谦虚谨慎，而这种态度正逐渐成为正确的科学研究。可是，如果研究对象变成了人这种动物，事情就变得不同，令人沮丧的不同。动物学家习惯实事求是地把动物当作动物来研究，即使对他们来说，一旦研究对象换成了人，也难以避免带着人的高傲，把自己的主观感情带进科学研究中去。不过，我们可以尽力在一定程度上克服主观因素，其办法是有意识地以谨小慎微的态度去研究人，仿佛他是放在解剖台上的另一个物种，一种新奇的动物，等待着我们去分析。那么，我们能够从何处着手呢？

正如研究新奇的松鼠一样，第一步可以将人与其很近的物种加以比较。从他的牙齿、双手、双眼和其他许多解剖特征来看，显然他是一种灵长类动物，只不过他是一种非常奇怪的灵长类动物。只要我们把192种猴类和猿类的毛皮展开排成一排，然后再试图把人皮放进合适的地方，和其他灵长类动物的毛皮排在一起，人这种灵长类动物的奇特就一目了然了。无论放在哪儿，人皮都是格格不入的。最后，我们被迫将其放在这一排毛皮的末端，放在诸如黑猩猩和大猩猩这类无尾巨猿的毛皮的旁边。即使在这里，这张人皮的与众不同也十分扎眼。其腿部太长，手臂太短，脚形亦古怪。显然，这一灵长类动物养成了一种独特的运动姿态，因而影响了它的基本体形。但是还有一个特征在呼唤人们注意：它的体表全然裸露无毛。除了头顶、腋窝和阴部有少许的几丛毛发引人注目之外，其余皮肤都裸露在外。和其他灵长类动物比较起来，这一对比富有戏剧性。诚然，有些猴类和猿类的臀部、面部或胸部，亦有少许的皮肤裸露在外，然而在所有的192种灵长类动物中，没有任何一种与人的情况接近。到了这一步，不用更深入研究，把这种新奇的灵长类动物命名为"裸猿"，已是站得住脚的。这是在简单的观察基础上提出的一个简单的、描绘性的名称，它无须做出特殊的设想。也许，这一称谓有助于我们把握分寸，保证客观。

盯着这一新奇的灵长类动物，动物学家对它的特性有何意义感到困惑不解，他们必然要着手进行比较。还有哪一物种需要裸露皮肤呢？别的灵长类动物对我们没有启示，因此我们不得不把目光投向更远的地方。迅速浏览所有现存的哺乳类之后，就可以看出，它们全都附有一层保护性毛皮，这一特点引人注目；在现存的4 237种哺乳动物中，很少有动物没毛皮而能生存的。哺乳类与其爬行类祖先不同，它们在生理特性上获得了无与伦比的优势，它们能保持恒定而较高的体温。这使其生理功能的精妙机器适合高效率的运转。这一属性既不易受到损害，又不会被轻易放弃。身体的调温装置极为重要。厚实、多毛而绝热的表皮，显然在防止热量散失上能发挥重要的作用。在烈日高照下，它还能防止体温过高，防止太阳直射灼伤皮肤。所以，如果体毛要脱落的话，显然必须有非常充分的理由。除了极少的几个例外，哺乳类在演化中获得了一种崭新的媒介后，才能跨出这急剧变化的一步。能飞的哺乳类，比如蝙蝠被迫卸掉了两翼的体毛，但是其他部位的体毛仍然保存了下来，因而不能被列入裸体的物种。在穴居哺乳类中，有几种的体毛已大大减少，比如田鼠、土豚、犰狳。水生哺乳类，在身体变成流线型的过程中，也失去了体毛，比如鲸鱼、海豚、鼠海豚、海牛、海马等。但是，对于所有典型的在地表生活的哺乳类来说，无论是在地面上蹦跳的动物，还是在植物上攀缘的动物，拥有浓毛密布的皮肤是基本规律。除了体形巨大的巨兽犀牛和大象之外（它们在保温和降温机制上有特殊的困难），裸猿是独一无二的没有体毛的哺乳动物，这一特征使它和数千种体毛浓密的陆居哺乳类动物迥然有别。

至此，动物学家不得不断定：他眼前的研究对象要么是穴居动物，要么是水生动物，否则他就只能说，在裸猿的演化史中，发生了奇特的或者说独特的变化。但是，他在着手田野调查、研究现今的裸猿前，首先要追溯过去，深入地研究演化史，尽量仔细地研究与裸猿血缘关系最近的祖先。也许，借助研究化石和其他遗存，通过考察现存的最为接近的灵长类动物，我们可以对演化史中发生的情况有一定的了解；对于裸猿这一新的灵长类动物如何起源、如何与其他灵长类动物分手，就略有所知了。

在过去的一百年间，科学家们呕心沥血搜集了大量的证据，要在这里将所有点点滴滴的证据逐一介绍，将要占用过多的篇幅。相反，让我们假定，这一任务已经完成，我们在此只需将详细的描述作一个简单的小结，即把如饥似渴追求化石的古生物学家所提供的信息，与耐心观察猿类的动物行为学家所搜集的事实结合起来，就可以扼要地加以归纳了。

裸猿是一种灵长类动物，灵长类动物从原始的食虫类演化而来。这类早期的哺乳类体型不大，微不足道，它们在森林的庇护下紧张地奔走。彼时，爬虫类的霸主在动物界称雄。大约距今 8 000 万年到 5 000 万年时，这些小型的食虫动物进入新的领地去冒险。它们分布到广泛的地区，演变出许多体形新奇的动物。有的变成了以植物为生的物种，有的进入地下穴居以求安全，有的长出高跷似的长腿以迅速逃避敌害，还有一些变成了长爪、利牙的食肉动物。虽然大型的爬行类已经让位，退出了竞争的舞台，但是空旷的原野再次变成了激烈角逐的战场。

与此同时，在林间灌木中，小足动物仍然死守着植物以求安全。这一领地中的食虫类动物也在进步。早期的食虫类动物开始扩大食谱，它们克服了消化中的问题，习惯了嚼食水果、坚果、浆果、苞蕾和树叶。它们慢慢演化为最低级的灵长类动物，其视觉有了改进，眼睛移至面部前方，手演变为掌握食物的器官。有了三维的立体视觉、灵活操纵的四肢、缓慢增大的脑容量以后，这些灵长类动物越来越接近于主宰树栖世界的地位了。

大约距今 3 500 万年到 2 500 万年之间，这些接近猴类的灵长类动物开始过渡到真正的猴类。它们开始长出用于平衡的长尾，其身躯亦有颇大的增长。有一些正在变为专吃树叶的猴类，大多数继续吃混杂的食物。随着时间的流逝，其中一些类似猴子的动物躯体逐渐增大，体重亦有增加。它们不再蹦跳着前进，而是过渡到双臂交叉着在树枝间攀缘飘荡。它们的尾巴因此而退化。躯体的增大使它们在树间的活动不如以前灵活，但是它们用不着处处提防地面敌害的侵袭了。

尽管如此，到了这个阶段，即猿类的阶段，它们仍有充分的理由停留在森林的伊甸园中，自由地采摘野果，享受着绿荫深处的舒适和安逸。只有在环境改变、被迫进入空旷的原野时，它们才可能向前演化。与早期勤于探索的哺乳类动物不同，它们已经变成专门的树栖动物了。经过了几百万年的演变，它们才完善了森林中贵族老爷式的生活。假如此时离开树林，它们将不得不与高度发达的地面食草动物和食肉动物进行竞争。因此，它们就待在森林里，咀嚼自己的果子，静静地过着与世无争的生活。

应该强调，猿类下地的演化趋势因某些原因只发生在旧世界。新旧世界的猴类都分别演化成了高度发达的树栖动物，但是美洲那一支猴类未能演化为猿类。相反，旧世界猿类的祖先分布范围很广，一个极端在西非，另一个极端在东南亚。今天，这一演化过程中残存下来的猿类有非洲的黑猩猩和大猩猩，亚洲的长臂猿和猩猩。在这两极之间的地区现在再没有长满体毛的猿类了，因为这些地区的绿色森林已经消失。

这些早期的猿类究竟遭遇到什么变化？我们知道，气候发生了对其不利的变化，约1 500万年前，它们的森林堡垒规模锐减。猿类的祖先被迫在两种可能性中进行选择：要么死守森林里残破的老家，要么像《圣经》所说的那样勇敢地面对被逐出伊甸园的命运。黑猩猩、大猩猩、长臂猿和猩猩留在树林里，自此以后其数量不断减少。唯有另一种现存的猿类的祖先杀出了一条生路，这就是裸猿。它们退出森林进入原野，投身激烈的角逐，誓与已经高度适应地面生活的动物一比高低。这是冒险的一步，但是就演化成果而言，这一次冒险得到了极大的报偿。

自此，裸猿的成功故事家喻户晓，不过扼要地提示一下亦有好处。但是，倘若我们要没有偏颇地了解今日裸猿的行为，记住当时发生的事情是至关重要的。

面对地面陌生的环境，我们的祖先前途暗淡。只有两个可能的前途，要么比原有的食肉动物更会猎杀动物，要么比原来的食草动物更会采集植物。我们今天知道，我们的祖先在这两个方面都成功了。但是农业的历史才不过几千年，而我们研讨的是几百万年间的情况。在专门开发利用原野上的植物方面，我们的祖先当时还无能为力，农业的兴起还要等待先进技术的发明。直接消化草原植物的消化系统还未形成。诚然，森林中吃水果和坚果食物的习惯，可以逐步改变为吃地里的根茎和球根食物，但是客观条件的限制是非常严重的。再也不能过唾手可得食物的生活，再也不能懒洋洋地把手一伸就摘到树枝上甘美而成熟的水果；在地面上搜寻食物的猿类，被迫要掘地刨根，非常吃力地挖掘珍贵的食物。

不过，它原来在森林中的食谱不全是水果和坚果。动物蛋白无疑对它也极为重要。它毕竟是由当初的食虫类演化而来的；原有的林中老家一直有丰盛的昆虫。多汁的昆虫和爬虫、鸟卵、无成鸟护卫的幼鸟、树蛙、小型爬虫类都难免要成为它的美餐。而且，这些食物给它适应力广泛的消化系统提出了新的问题。到了地上以后，这类食物绝不匮乏，没有什么因素阻止它增加膳食里的肉食。开初，它绝不能和食肉动物世界的职业杀手比试高低。就连体型小的獴都可以置它于死地，更何况体型大的猫科动物呢。不过，各种动物的幼仔、没有抵抗力的或病弱的动物，都是它捕杀的对象，踏上食肉动物的第一步是不困难的。然而，真正的大型猎物却长着高跷似的长腿，一有风吹草动，它们就能够以极快的速度逃跑。因此，蛋白质丰富的有蹄类动物是它鞭长莫及的。

下一步的变化使我们进入大约 100 万年前裸猿祖先的历史，这一阶段发生了一系列令人惊愕难过的、越来越富于戏剧性的变化。同时发生的变化有几种，而了解这一点也至关重要。人们在讲述这一段演化史时，常常把这一问题的各个部分逐一展开，仿佛这些主要的进步是首尾相接先后发生的因果链，而这只会使人误解。这些移居地面的早期猿类已经有相当大的脑容量，且已发生质的变化。它们的目光敏锐，拇指能与其他手指灵活地对握。作为灵长类动物，它们必然已有一定的社会组织形式。强大的环境压力迫使它们发展猎食的高超技艺，因此而产生至为重要的变化。它们的行走姿势更加接近于直立——因此就跑得更快更好。双手从行走中解放出来——因此就更加强壮有力，能更灵活地使用武器。大脑变得更加繁复精细——所以它们更加聪明，能更加敏捷地作出决定。这些变化不是依次按一个重要的既定序列先后发生的，而是同时发生的。细小的变化在以上属性中先后发生，彼此互相推动。终于，一种以猎食为生的、捕杀动物的猿类逐渐形成了。

可以认为，演化过程中也许有一步有利于不太剧烈的变化，它使这种猎食为生的古猿演变成更像猫科和犬科的食肉动物，一种亦猫亦猿、亦犬亦猴的动物；只需把牙齿和指甲加大，使之成为锋利的尖牙和爪子，就可以将其变成猎食的武器。如果发生这样的变化，移居地面的古猿就要直接与高度发达的猫科和犬科等专门的食肉动物进行较量。换言之，这种古猿就得和专门的食肉动物的优点进行较量，其结果无疑是一场灾难和厄运。（也许它确实进行过这样的较量，结果是头破血流、一败涂地，所以我们现在找不到一点它竞争的迹象。）相反，它走的是另一条路子，裸猿用它制造的武器而不是天然的武器。这条路子走对了。

下一步是从使用工具到制造工具的进步。与此同时，猎食的技术也得到了改进，不只是猎食的武器逐步改进，而且社会合作也更加密切。以猎食为生的古猿以集体的方式捕猎，随着猎杀技术的提高，其社会组织方法亦趋于精密。狼群猎食时摆开阵势围捕；而猎食的古猿则有比狼发达得多的大脑，它们可以用来解决群体交流与合作之类的问题。日益复杂的狡计得以形成，它们的大脑有了突飞猛进的发展。

狩猎猿基本上是雄性组成的群体。雌性忙于育儿，无法在追捕猎物中担当重任。随着猎食复杂性的提高，出猎的时间逐渐加长，有必要放弃祖先游徙的生活方式。因此就需要一个固定的居所，以携带猎物回到固定的基地，雌性和幼仔在家里等待雄性猎食归来并分享食物。固定居所这一步，我们在以后的章节中将会看到，甚至对今日最完美的裸猿各方面的行为，都将产生深刻的影响。

于是，狩猎的古猿变成了一种据守领地的猿类。它的整个性行为模式、育儿模式和社会模式都受到了深刻的影响。它原有的飘忽不定的采食水果的生活方式迅速消退。它已经脱离了森林中的伊甸园。它成了肩负责任的古猿。它开始为一些事情发愁，这些问题是与今日的洗衣机和电冰箱相对应的史前史中的问题。它开始解决家庭享乐舒适的问题，如火的使用、食物的储存、人工建造的居所。然而，在此我们必须立即刹住，因为这个问题已经快要跳出生物学领域，即将转入文化领域了。这些前进步骤的生物学基础，就在于大脑容量的增加和复杂程度的提高，正是它保证了狩猎猿能够跨出这些步子。但是，这些前进的步伐究竟用何形式，再也不仅是具体的遗传控制机制问题。树栖猿演化为地居猿，地居猿又演化为狩猎猿，狩猎猿再演化为领地猿，直至定居的裸猿演变为创造文化的裸猿。但是我们必须暂时打住。

值得再次重申的是，我们不打算在本书里涉及接下来的文化爆炸现象。今日之裸猿对这一爆炸非常自豪；正是这一富有戏剧性的突飞猛进，使它能在50万年间从学会取火到制造宇宙飞行器。这是一个激动人心的经历，可是裸猿容易被这辉煌的成就搞得飘飘然，而忘乎所以。它容易忘记，在华丽的外表之下，它仍然在很大程度上是灵长类动物。（俗语说得好，"猩猩就是猩猩，仆人就是仆人，哪怕它穿金戴银"。）就连太空猿也是要拉屎撒尿的。

只有严格地审视我们的起源，然后再从生物学的角度来研讨我们今日这个物种的行为方式，我们才能真正平衡而客观地了解人类令人惊奇的生存方式。

倘使我们对上述演化史能够接受，那么有一个事实就醒目地凸显出来，这就是：我们原本是灵长目中的一种食肉动物。在现存的猴子和猿类中，我们的演化独一无二。但是这种演化中的大转变在其他科目的动物中，并非罕见。比如大熊猫就是一种在演化中彻底转变了的动物，这是个完美的例子。我们从素食动物变为肉食动物，而大熊猫却从肉食动物变为素食动物。和我们一样，大熊猫是令人惊奇的非常独特的动物。有一点很重要，这种剧烈转变所造成的动物，具有双重品格。一越过两个物种之间的阈限，它就一头扎进其新的角色，带着巨大的演化能量迅猛前进——它变得太猛，所以它仍然携带着许多原有的特质。演化的时间不充分，它来不及甩掉原有的一切特征，只顾着匆匆穿戴上表面的特征。原始鱼类刚克服陆地生活中无水的障碍时，其陆生动物品质突飞猛进地演化，可是它们仍然拥着水生动物的特性。演化出一个完美的富有戏剧性的新型物种，要花费几百万年的时间，那些走在前面的先驱通常是稀奇古怪的四不像。裸猿就是这样一种混杂的"四不像"。它的整个身体、它的生活方式适合树栖生活，可是突然之间（所谓突然之间是相比缓慢的演化过程来说的），它被抛到一个全然不同的世界之中。在这个新奇的世界里，它要想生存，就得像狼一样的头脑机敏、爪牙尖利。我们现在检查一下，这一转变是如何影响它的身体尤其它的行为的；再看看时至今日我们如何感受这一遗产的影响。

有一个考察办法，是将一种"纯粹"的以果子为生的灵长类动物和一种"纯粹"的食肉性灵长类动物加以比较，比较其身体结构和生活方式。一旦认清了两种截然不同的觅食方式，明确了其基本差别，我们就可以回头重新审视裸猿的情况，看看这种"四不像"是如何形成的。

在食肉动物的星系中有一些最为灿烂的明星，一方面是野狗和野狼，另一方面是大型的猫科动物，如狮、虎、豹等。它们的感觉器官精细完善、精美绝伦。其听觉敏锐，外耳可转动，以捕获最微弱的声音，如草木的沙沙声、其他动物的鼻息声。其眼睛亦敏锐，虽然分辨静物的细部和色彩不够高明，但在捕捉最微小的移动时明察秋毫，不可思议的敏捷。其嗅觉之灵敏令人难以理解。想必它们的经验中存在着一个满是气味的世界。它们不仅能准确无误地探查出动物个体的气味，而且能分解复杂气味的成分，捕捉其单个的成分。1953 年，有人用狗做了一系列试验，结果表明，它们的嗅觉精确度相当于我们嗅觉精确度的 100 万倍到 10 亿倍之间。这些令人震惊的实验报告受到怀疑，后来更为仔细的实验未能证实以上报告。然而，即使最审慎的估计也说明，狗的嗅觉比人的嗅觉强 100 倍左右。

除了第一流的感官之外，野生的犬科和大型的猫科动物还具有美不可言的运动体质。猫科动物专门发展了疾如闪电的猛扑弹跳力。犬科动物能进行长距离奔袭，有持久的耐力。捕杀猎物时，两种动物都能用上强壮的爪子、锋利有力的尖牙。大型猫科动物还可以使用肌肉强健的前肢，前肢上武装着巨大的状如匕首的尖爪。

对这些动物来说，捕杀的动作本身就成了行为的目的，成了完美无缺的动作。诚然，它们不会滥杀滥捕，亦不会浪费精力去捕杀。但是，如果被圈养起来，并只能得到已经被杀死的动物时，任何一种犬科动物和猫科动物的猎杀冲动都是远远不能得到满足的。家犬每一次被主人带出去遛时，或者每当主人扔棍子让它去追捕时，它猎杀的基本需求就得到了一定程度的满足。无论吃多少狗罐头，都不能压抑它猎杀的本能。就连吃得脑满肠肥的家猫也需要夜游，也需要偶尔扑杀一只没有提防的小鸟。

这些动物的消化系统适应了长期挨饿与暴饮暴食相互交替的情况。（比如，一只狼一次所吃的食物可以相当于其体重的 1/5——相当于你我一次就吞下 30—40 磅牛排。）它们的食物营养价值很高，很少有废物需要排泄。但是，其粪便又脏又臭，故其排便有特殊的行为模式。有些动物把粪便掩埋起来，有些动物排便时到离居所很远的地方去。幼仔的粪便污染兽窝以后，母兽就把粪便吃掉，以保持居所的清洁。

这些动物以简单的方式储藏食物。猎物的尸体或其碎块可以用掩埋的方式加以保存，犬科动物和部分猫科动物就是这样的。剩余的食物也可以藏在树上，豹子就这样保存食物。捕杀猎物剧烈的运动期与懒散松弛的安闲期相互交替。在社群交往中，对猎杀动物极为重要的有力武器，在微不足道的争执和较量中，都可能构成对生命和肢体的潜在威胁。如果两只狼或狮子反目成仇，就可能在几秒钟内发生肢解和死亡，因为双方的攻击武器都异常凶猛。这就可能严重危及自己物种的生存；漫长的演化过程使它们形成了置猎物于死地的武器，所以就需要发展出强大的抑制机制，不对同类使用致命的武器。这些抑制机制似乎有遗传基础，不必通过后天的学习。演化中产生了弱者俯首帖耳的特别姿态，称王称霸的首领自然也息事宁人，抑制着不随意攻击同类。这些信号是"纯粹"食肉动物的生活方式的重要组成部分。

出猎的方式随物种而不同。豹子捕猎时，只身活动，或潜近猎物，或静候猎物，最后才猛扑上去。豹子捕食时，仔细地寻觅，末了用全力冲刺。狮子捕食常成群结队，由一只狮子追赶猎物，使其在惊恐中落进潜伏狮子的包围圈。狼群捕食用围捕的策略，最后群起围攻猎物。非洲猎犬出猎时成群出动，其典型方法是穷追不舍，轮番攻击，直到逃亡的猎物失血衰竭为止。

晚近的研究显示，杂色的鬣狗也是凶猛的成群出猎的动物，而不是像过去认为的基本上是食腐肉的动物。之所以过去产生误解，是由于它们晚上才成群出猎。其实过去记载它们白天吃腐肉的情况并不多见。夜幕一降，它们就变成凶猛的杀手，像猎犬在白昼一样效能很高而且必有所获。一群鬣狗多达30只左右。它们能轻而易举地追上斑马或羚羊，因为斑马和羚羊晚上不敢像白天那样全速奔跑。鬣狗撕咬猎物的后腿，直到它受伤掉队为止。接着，整群的鬣狗猛扑上去，撕裂猎物的皮肉，直至它倒毙为止。鬣狗成群居住在兽穴里。一群或一"族"鬣狗少则十来只，多则一百来只。雌兽不会远离兽穴，但是雄兽的活动范围很广，会游徙到别的地区。如果离群的鬣狗在远离领地的地方被另一群鬣狗捕捉住了，就会引起激烈的争斗。但是，同一群体内部却很少同室操戈。

一些食肉动物有共享食物的习性。当然猎物丰盛时，足够整群动物分配，无须发生争吵。但是，有一些动物分享食物比这一步还要走得彻底。比如说，已知非洲猎犬有反胃的习性。出猎完毕，它们要将食物吐出来共享。有些非洲猎犬的反胃进行得非常彻底，所以人们就说它们有了"公共胃"。

喂养幼仔的食肉动物费尽心机为成长中的幼兽提供食物。母狮出猎给幼狮带回肉食，或吞下大块的食物，等到回窝后再吐出来喂幼狮。偶尔有人报告雄狮也吐食育儿，但这似乎并非其常见的习性。相反，我们知道有的公狼奔走15英里之遥，为母狼和小狼觅食。它们把大块带肉的骨头带回窝让小狼啃，或者在猎杀现场将大块猎物吞下，然后再回到狼窝把肉吐出来喂小狼。

以上所述是纯食肉动物的一些主要特征及捕猎与生活方式的关系。它们的特征与典型的以果子为生的猴子和猿类有何异同之处呢？

高级灵长类动物的感官以视觉为最强，而不是听觉占主导地位。在树林中攀缘时，视觉比听觉重要得多。吻部大大缩短，视野随之拓宽。在树间觅食时，水果的色彩是有用的线索。灵长类动物演化出了分辨力很强的视觉，这一点与食肉动物不同。而且，灵长类动物捕捉静物细微差别的视力也胜过食肉动物。灵长类动物的食物是静物；探查细微动态的能力与识别形状和质地的细微差别的能力相比，是不大重要的。听觉也重要，但是听觉对它们不如对追踪猎物的食肉动物重要。它们的外耳变小了，不能像食肉动物的耳郭那样转动。它们的味觉更为细腻。食物比较丰富多样、味道鲜美，更值得仔细品尝。它们对甜味食物的反应尤其强烈。

灵长类动物的体格适合攀缘，其结构不适合地面上的疾速奔跑，也不适合长期的体力活动。它们的身体像灵活的杂技演员，而不像强壮魁伟的运动员。双手善于把握东西，但不善于撕扯，也不善于打击。爪子和牙齿相当强健，但是和食肉动物巨大的、善于撕咬钳制的巨爪利齿相比，那就连小巫也算不上了。它们偶尔捕杀几只微不足道的小动物，并不需要多大的力气。实际上，捕杀动物并不是灵长类动物生活方式的基本部分。

进食分散在一天之中进行。它们不会时而暴饮暴食，时而长期不吃，猴子和猿类终日不断地咀嚼，终生不断地进食。当然，也有停息的时候，尤其是中午和夜间。但是，它们的进食习性仍然和食肉动物的进食习性形成强烈的对比。它们的食物静止不动，等待被采摘、吃掉。它们只需从此地迁往彼地，寻找丰盛的食物资源。随着胃口的变化，随着果子成熟季节的变化，它们需要迁移到新的觅食基地，不需要保存食物。只是有些猴子的面颊上长出了"腮囊"，让食物在此作短暂停留。

它们的粪便不如食肉动物粪便那样臭，所以它们没有养成处理粪便的特别习性。一经排出以后，粪便立即掉到树下，离它们老远。因为成群的灵长类动物随时迁徙，所以把一个地方弄得太脏太臭的情况几乎不会发生。就连结巢而居的巨猿也频繁挪位，每晚筑一新窝，所以它们不用操心窝内卫生。（尽管如此，人们惊奇地发现，在非洲一个地区的大猩猩旧窝中，大约99％的窝里有粪便，73％的大猩猩事实上就躺在自己的粪便之中。这就必然会增加感染的机会，构成疾病的威胁。这一惊人事例说明灵长类动物对粪便漠不关心。）

由于食物静止不动、源源不绝，灵长类动物群体不必分开觅食。它们生活在紧密的社群中，可以在一起迁徙、逃亡、休息、睡觉，每一位成员都可以窥见所有其他成员的动态和动作。无论什么时刻，每一位成员对其他成员的行动都能了如指掌。这一习性与食肉动物的习性迥然不同。有些灵长类动物群体也偶尔分为小群，但这些小群绝不会分成个体单干。孤单一只猴子或猿类是非常脆弱的。因为它没有食肉动物那种天然的武器，离开群体就容易成为食肉动物的猎物。

成群出猎的食肉动物如狼群中存在的合作精神，很难在灵长类动物的身上找到。竞争和称霸是家常便饭。当然，两类动物的社会金字塔中，都存在竞争机制；但是，猴类和猿类的竞争较少受到协作精神的抑制。复杂而协调的策略是不需要的，因为觅食进食的方式无须复杂的序列。灵长类动物的生存多半是寻找一点吃一点、不断寻找不断吃。

因为灵长类动物的食物在其周围比比皆是、唾手可得，所以它们不用远距离迁徙。有人仔细研究了现存的最大灵长类大猩猩，追踪其活动；结果告诉我们，它们平均每天只移动 1/3 英里。有时它们一天才移动几百英尺。相反，食肉动物常常一次出猎要奔走许多英里。有一些研究证明，它们一次出猎竟可以奔走 50 英里以上，几天以后方能回到栖居地。回到固定居留地的习性是食肉动物的典型特征，这一习性在猴子和猿类等灵长类中极不常见。不错，一群灵长类动物的生活范围是相当清楚的。但是晚上它们却随意就地而眠，游荡到哪里就睡在哪里。它们对自己的生活地区亦有所了解，因为它们在频繁的游徙之中来来回回地经过同一地区。但是，它们对整个地区的使用方式是没有计划的。而且，群体间打交道时的防卫行为和进攻行为，都不如食肉动物那样显著。领地的定义是需要保卫的地区，由此可见，灵长类并不是典型的严守领地的动物。

有一个小问题和领地行为有关：食肉动物身上长跳蚤，而灵长类动物却不长跳蚤。猴和猿饱受虱子困扰，还会感染寄生虫病。但是，与一般人的普遍看法相反，猴和猿是完全不长跳蚤的；之所以如此，有一个很有说服力的原因。弄懂这一点，首先要考察跳蚤的生命周期。跳蚤产卵时，不产在宿主身上，而是产在宿主睡眠的居所里。跳蚤卵三天以后孵化成蠕动的小蛆。这些幼虫不吸血，而靠窝穴中集存的灰土为生。又过两周，幼虫作茧化蛹。蛹在茧中休眠半月左右后变为成虫，破茧而出，寻找合适的宿主。由此可见，至少在其生命周期的第一个月中，跳蚤与其宿主被分开了。显然，不定居的哺乳类，比如猴子或猿类，并不受跳蚤的困扰，其道理就在这里。即使偶然有一两只跳蚤落到了灵长类动物的身上，并成功地进行了交配，它们所产的卵也不可能被灵长类动物带走，因为灵长类动物不断地迁徙。等到跳蚤破茧而出的时候，没有宿主"在家"等候它们，与它们保持宿主和宿客的关系。所以说，跳蚤是居所固定的动物的寄生虫，比如典型的食肉动物就是这样的动物。这一点有何意义，读者稍后就会明白。

在将食肉类动物和灵长类动物的不同生活方式进行对比时，我自然要集中在两类动物身上。一方面是定居在原野上的典型的食肉动物，另一方面是栖息在树林间以果子为生的典型的素食动物。两类动物之中都有例外。但是我现在只集中研究一种主要的例外——裸猿。它能在多大程度上使自己发生变化，把它传统的吃果子的习性与新近采纳的食肉的习性混合起来？这一变化究竟使它变成了一种什么动物？

首先，裸猿的感觉器官不适合在地面生活。它的嗅觉太弱，它的耳朵不够敏锐。它的体格太弱，承受不住艰苦的耐力考验，不足以爆发雷霆闪电般的冲刺，这一弱点是无法弥补的。在人格上，它更为争强好胜，而不是更具备合作精神，而且它无疑不善于计划安排和集中注意力。所幸的是，它的大脑极为出色，在普遍的智能上胜过它的食肉类竞争对手。借助直立行走，它既改造了双手又改造了双脚；通过对大脑的进一步改善，并竭尽所能地使用大脑，它有可能获得成功。

这个成功的故事说起来容易做起来困难。它耗费了漫长的岁月，而且对裸猿日常生活的其他方面产生了各种影响。我们暂时需要关注的，只能是这一成功是如何实现的以及它如何影响裸猿狩猎和饮食的习惯这两个方面。

因为这场较量靠智力而不是靠蛮力取胜，所以它必须在演化上迈出戏剧性的一步，以大大加强脑力。这一演化步子是颇为奇异的：它这个猎食的裸猿变成了婴幼期很长的裸猿。这个演化戏法并非是独一无二的。在一些相差甚远的物种身上也发生过这一变化。简言之，这个演化过程叫作幼态持续（neoteny），即婴幼期的某些特征保存下来，持续到成年期。（著名的例子有蝾螈，可以终生保持幼年期的形态，并在此情况下繁殖后代。）

假如我们考察典型的猴子胎儿，就能最深刻地理解，幼态持续机制是如何帮助灵长类动物大脑的发育和发展的。猴子胎儿期的大脑迅速发育，既长体积又变复杂。幼猴出生时，其大脑已经达到成熟大脑的 70％。其余的 30％在出生后的 6 个月中发育完毕。就连智力较高的黑猩猩幼仔，其大脑发育也能够在出生后的 12 个月内完成。我们这个物种与此形成鲜明对比。婴儿出生时的脑容量只及成人脑容量的 23％。出生后的 6 年间，儿童的大脑继续迅速发育，但是人脑的整个发育期大约要到 23 岁才结束。

由此可见，对你我来说，性成熟**之后**大脑的发育还要继续十来年。但是，对黑猩猩来说，生殖能力活跃**之前**，大脑发育就已经完成六七年之久了。非常明显，这一点清楚地说明，我们变成所谓保存婴幼期特征的裸猿是什么意思。不过，有必要将这句话做一点修正。我们（或者说我们猎食的祖先）变为婴幼期很长的裸猿，只表现在某些方面，而不表现在另一些方面。我们的各种特征发展速率不稳定。我们的生殖系统突飞猛进，我们的大脑发育磨磨蹭蹭。我们肌体的许多其他部分也是这样：有些部分的发育大大减缓，有些部分的发育速率有所降低，还有些部分就停止发育不再生长了。换言之，所谓幼态持续机制是有区别的。一旦出现这个趋势，对有助于物种生存的任何幼态持续机制，自然选择都会起到推动的作用，以利于物种在敌对和困难的环境中生存。人的大脑并不是唯一受影响的器官，人的体态也同样受到影响。哺乳类胎儿的头部轴线与躯干的轴线成直角，如果它生出来时仍保持这种姿态，当它用四足行走时头部就会朝下。但是，在它出生的时候，它的头部会向后转动，直至头部与脊柱成一条直线。所以当它出生后开始行走时，头部就会按恰当的方式朝向前方。但如果这种动物用后肢行走，它的头就会朝上，望向天空。因此，对于直立行走的动物比如狩猎猿来说，出生后继续保持胚胎期头部与躯干的姿态，显然是至为重要的。只有保持恰当的角度，才能保证它在采取新的直立行走姿态以后，仍能面朝前方。当然，这正是人类演化过程中发生的事情，而且是幼态持续机制的又一例证：胚胎的特征保存下来进入了婴幼期、童年期甚至成年期。

狩猎猿还有许多其他体质特征，同样可以用幼态持续机制来说明。这些体质特征有：细长的颈项、扁平的面部、小巧的牙齿、迟来的出牙期、粗壮眉脊的消失、小脚趾不能转动等。

许多胚胎期的特征对狩猎猿有很高的潜在价值，这是它需要的演化突破。所幸的是，它继承了幼态持续机制，所以它既能够获得新生活所需的大脑，又可以获得与此匹配的身体。它可以直立飞跑，把双手腾出来使用武器；同时它的脑子越来越发达，使它能开发武器。此外，他不光有更聪颖的大脑，因而能操纵各种物体；而且由于童年期延长，它能在这段时间向父母和其他成人学到更多的东西。婴幼期的猴子和黑猩猩也喜欢戏耍、探索，也富于创造性，可是它们的这个阶段很快就结束了。然而对裸猿来说，这些婴幼期特征一直会持续到它们成熟以后的成年期。先辈所设计的一切技术，它都有足够的时间去模仿和学习。从体质和本能上说，它这个猎手有许多不足之处，但他的智力和模仿力可以弥补体质的不足且绰绰有余。它接受父母教诲的方式和深度，是其他任何动物望尘莫及的。

但是，光有父母的教诲是不够的，还需要遗传基因跟上去。就其本质而言，狩猎猿基本的生物学变化必须与幼态持续机制同时发生。倘若找一只前面描述过的典型的、树栖的、以采摘果实为生的灵长类动物，仅仅给它换上一副发达的大脑和适于狩猎的身躯，而不经历其他的变化，那么它要变成一只善于猎食的猿还是不会那么容易的。它的基本行为模式就错了；它可能会善于思索、精于计划，但是它更基本的动物本能与它的新生活对不上号，仍然是原来那一套。它接受的教诲与它的自然倾向是相抵触的，不仅与其饮食行为相抵触，而且与其一般的社会行为、进攻行为和性行为相抵触，还与它以前灵长类动物生活中的一切基本行为特征相抵触。倘若遗传基因所控制的变化没有发生，那么对狩猎猿幼仔灌输的新教育，必然像是永远无法登顶的任务。后天的文化训练能取得丰硕的成果；但是无论大脑的高级中心是多么精妙绝伦的机器，它仍然需要身体低级器官的变化来支持。

现在回头考察典型的"纯"食肉动物和典型的"纯"灵长类动物的差别，就可以看出这些差别大概是如何发生的。先进的食肉动物把觅食（捕杀猎物）与进食分离开来。这两种动作成了不同的动机系统，彼此只有一定程度的依存性。之所以分离开来，是因为这一序列费时太多、十分艰难。"进食"这一环离"捕猎"这一环在时间上相隔太远，所以"猎杀"这个动作本身就必然要成为一种报偿。对猫科动物的研究揭示，它们的行为更加复杂，行为序列分得更细。捕捉猎物、杀死猎物、准备将猎物用来进食（如拔毛），最后才吃掉猎物，以上每一个步骤都有其独立的动机系统。四种行为模式中的一种得到满足，并不能自然而然地使其他三种模式也得到满足。

对以采摘果实为生的灵长类动物来说，情况就完全不同了。从觅食到进食的动作序列，只包括简单的觅食和立即将食物投入嘴巴这两个步骤。这两步紧紧相接、时间短暂，所以不必分离开来成为两个动机系统。对于狩猎猿来说，这一情况必须改变，而且要急剧地改变。捕猎本身必须有所报偿，而不能仅仅作为最终导致美餐的动作序列的一部分。正如猫科动物一样，捕捉猎物、杀死猎物和准备将猎物用来进食三个动作，都将各自具有自己的目标，都将变成目的本身。每一个目的都必须找到表达方式，满足其中一个目的，并不能压抑另一个目的。如果考察今日裸猿的饮食习惯，就可以看见，有大量的迹象表明演化过程中确实出现过这种情况；稍后的一章里要专讲这种三步分离的猎食进食机制。

除了变成生物特性（与文化意义相对）上的杀手之外，狩猎猿还必须改变自己饮食行为的时间安排。整天不停、零零碎碎吃东西的方式过时了，间隔若干时间一日数餐的进食方式随之而来。它们养成了储藏食物的习惯。回到定居点的习性必须要嵌入它们的行为体系。辨别方向、回到住所的能力必须得到提高。排泄废物必须成为有组织的空间模式，成为一种隐秘（食肉动物都是如此）活动，而不再是群体（灵长类动物都是这样）活动了。

前已提及，住所固定的后果之一是可能滋生寄生虫。我也说过，食肉动物长跳蚤，灵长类不长跳蚤。如果狩猎猿因居所固定而不同于其他灵长类动物，那么我们就推测它会打破不长跳蚤的规律。看来情况确是如此。我们知道，我们这个物种今日的确有不少的寄生虫，而且还有一种特别的跳蚤。这种跳蚤与其他食肉动物的跳蚤迥然有别，它是在人身上演化出来的。既然它有足够的时间演化为一个新的物种，那么它必定和我们已经共生很久了；可能在我们变成狩猎猿的早期，它就已经成为不受欢迎的伙伴。

从社会属性上说，狩猎猿与伙伴交流与合作的冲动，必须要大大加强。面部表情和发声都必须更复杂。有了威力大的武器，它就必须创造出表达力强的交际符号，以便抑制社会群体内部的互相攻击。另一方面，由于居所固定，它就必须开发更加强大的进攻性武器，以对付敌对群体的成员。

由于新生活方式的要求，它必须压制强有力的灵长类动物的本能，绝不离群。

作为它新近养成的合作精神的一部分，由于食物供应不稳定，它一定要养成共享食物的习惯。就像前面提到的，公狼要将猎获的食物带回住所；同样，狩猎猿中的雄性也必须要带猎物回家，让雌性及幼儿享用。这种父性行为必然是一种新学到的行为，因为灵长类动物养育幼仔的普遍规律是，亲辈育儿的责任完全压在母亲的身上。（只有一种聪明的灵长类动物，如我们的狩猎猿，才认识自己的父亲。）

狩猎猿的幼儿依赖亲辈的时间极长，育儿的责任非常沉重，雌性几乎永远被拘束在住地。在这方面，狩猎猿的新生活方式突然产生了一个与其他典型的"纯"食肉动物不同的特殊问题。这个问题是，两性的角色必须有进一步的区分。出猎的群体必然变成纯雄性。假如说有什么东西与灵长类动物的本性对立的话，那就是明确的两性分工。生育力旺盛的一只雄性灵长类动物出猎，而让所有的雌性留在居所失去保护，结果让别的雄性占有，这是闻所未闻的奇闻。无论多少后天的教化也不能使之养成这种习性。这就需要社会行为的重大转变。

解决问题的答案是形成配偶关系。雌雄两性的狩猎猿必须要产生爱情、彼此忠诚。在许多别的动物中，这一现象普遍存在，但灵长类动物中的配偶关系却十分罕见。配偶关系的形成一举解决了三个问题。首先，这个关系意味着雌性与各自的雄性结成固定的关系，雄性外出狩猎时雌性也忠贞不贰；它意味着雄性之间激烈的性角逐大大减少，这有助于培养合作精神；如果要集体狩猎成功，体弱的雄性要和强壮的雄性一样各司其职；体弱的雄性也要唱主角，而不能被推到社会的边缘，不能像其他灵长类动物群体中那样，强壮者称霸，体弱者服从。而且，由于它开发出了致命的武器，狩猎猿在巨大的压力下也不得不减少群体内部不和的根源。再者，一雌一雄的繁殖单位还有另一层意义：后代会因此受益匪浅。幼儿成长缓慢，养育和训练幼儿的任务沉重，这就要求一个与之相应的聚合力很强的家庭。在其他动物群体中，无论是鱼类、鸟类或哺乳类中，只要育儿的重担对雌性的压力太大，都可以见到牢固的、一一相配的雌雄对子，它们在繁殖期被有力地联结在一起。狩猎猿就结成了相对固定的家庭。

　　这样，雌性能确保雄性的支持，而能专注于母亲的职责。雄性能确保雌性的忠贞，也愿离开雌性出去狩猎，既避免了为争夺雌性而争风吃醋，后代也能得到最佳的照料。听上去这种两两相配的雌雄关系是够理想的解决办法，但是它还需要将灵长类动物的社会——两性关系进行重大改造。我们从下文将知道，这一改造从未圆满完成。从我们这个物种今天的行为来看，显然这个倾向仅仅是部分地得以完成，我们早期的灵长类动物强烈的欲望仍以较小的、较次要的形式不断重现。

　　狩猎猿扮演了致命食肉动物的角色，其灵长类特性和行为也发生了相应的变化。我已说明，这些变化是基本的生物学上的变化，而不是文化特性上的变化；这个新的物种就这样发生了遗传基因上的变异。你或许认为，我的设想站不住脚。你也许觉得，以上的变化很容易靠训练和培养新传统来实现，你的这种感觉正是文化灌输强大威力产生的结果。我对你的看法持怀疑态度。只要看看今天我们这个物种的行为就可以知道，事情并非如此。文化发展给我们带来越来越令人难忘的技术进步，然而，凡是技术进步与我们的基本生物特性发生冲突的地方，技术进步都遇到了很大的阻力。我们作为狩猎猿在早期生活中形成的基本行为模式，在我们现今的一切事务中仍然鲜明地表露出来；无论我们从事的任务有多么高尚，我们祖先的基本行为模式仍然要露出马脚。对更粗俗的活动而言——诸如饮食、惧怕、攻击、性、育儿，倘若其组织手段只是文化，我们无疑应该能更好地控制它们，以这样或那样的方式使之改变，使之更适合技术进步对活动组织方式日益不同寻常的要求。然而，我们并不能完全靠文化手段来组织这些活动。我们一次又一次地在我们的动物本能面前低头认输，暗中被迫承认自己体内躁动着的复杂的动物本性。如果我们坦白诚实，我们就会承认，我们的祖先在自然选择的遗传变化中所获得的动物本性，也必须经过数百万年的时间，而且必须经过同样的遗传基因变化过程，才能够改变。与此同时，只有以恰当方式去设计我们的文化，使之不与我们的基本动物需求相冲突，使之不压抑我们基本的动物性，我们复杂得令人难以置信的文明才会繁荣昌盛。可惜，我们理性思维的脑子与我们直觉感性的脑子并不是永远和谐的。有许多例子能够说明事情在哪里出了差错，说明为什么有些人类社会衰亡了，有些社会因发展受阻而陷入了困境。

在以下各章中，我们试图弄清，人类社会为何会误入歧途、陷入困境或衰败消亡。然而在此之前，我们还得回答一个问题，即本章开头所提的问题。我们刚接触"人"这个新奇的物种时，我们立刻注意到，有一个特点使它凸显出来，使它与其他的灵长类动物截然不同。这个特点就是它裸露的皮肤，我这个动物学家因此而将这个物种命名为裸猿。此后我们看到，还可以用以下任何恰当的方式给它命名：直立行走的猿、制造工具的猿、头脑发达的猿、领地欲强的猿，等等。不过，这些命名并非是我们在实验室里首先发现的特征。如果只把它当作博物馆里的一个动物标本，它给人造成的第一个印象，就是裸露的皮肤。在这本书里，我们将始终如一地称其为裸猿。只要这样做能与别的动物学研究保持一致，并能够提醒我们注意：我们研究人类，就是从这个特殊的角度切入的；那么，我们就要始终使用裸猿这一命名。然而，人这一崭新的特征有何意义？狩猎猿究竟为何变成了裸猿？

可惜，说到肤色和毛发，化石帮不了我们的忙。所以我们全然不知，人类演化中体毛脱落这一巨大的变化，究竟是何年何时发生的。可以颇有把握地说，这一变化在我们的祖先离开森林之前并未发生。这一发展非常奇异，看来它更像是我们的祖先被迫到原野上生活以后所发生的巨变的一部分。但是，它究竟是如何发生的？它究竟如何有助于类人猿的生存？

这个问题困扰专家已有相当长的时间。许多富于想象的理论被提出来了。其中最有希望的一个理论是，体毛脱落是幼态持续机制不可分割的重要部分。如果你考察新生的黑猩猩幼仔，就会看见它满头黑发而全身赤裸。假若它的裸体延续至成年期而不长毛，成年黑猩猩裸露的身体就会和我们的裸体非常相似。

有趣的是，在我们这个物种中，这种幼态持续机制在抑制体毛的生长中并不十全十美。胚胎在发育过程中踏上了典型的哺乳动物全身披毛的道路，所以6—8个月的胎儿几乎全身覆盖着绒毛。胚胎这一层"毛衣"叫作胎毛。直到出生前夕，胎毛才全部褪尽。早产儿有时仍带着胎毛，使父母十分惊恐。但是除了罕见的例外，胎毛都迅速脱落。后代成年后仍是"毛人"的家庭，有记录在案者，不超过30例。

尽管如此，我们这个物种的所有成年人确实还有不少的体毛，事实上比我们最近的亲戚黑猩猩的体毛还多。与其说我们脱去了全部的毛发，不如说我们长出了短小的汗毛。（顺便说明一下，并非所有的人种都留有汗毛，显而易见，黑人确实失去了汗毛。）以上事实使有些解剖学家声称，我们不能认为自己是无毛的或裸体的猿。一位权威学者走得更远，他断言："因此，说我们是灵长类动物中体毛最少的物种，这绝不是事实，无毛不过是一种幻想，许多企图对这一幻想作出解释的离奇理论，客气点说也是毫无用处的。"这一批评大谬不然。就好比我们不能说盲人有一双眼睛就不是盲人。从功能上说，我们是彻头彻尾的裸体，我们的皮肤毫无遮掩地暴露在外部世界之中，我们必须对此做出解释，无论我们在放大镜下能数到多少根汗毛。

用幼态持续机制去解释，只能给体毛何以脱落提供一个线索。它不能说明，裸体无毛作为一个物种的属性有何价值，它对裸猿在敌对的环境中生存有何价值。也许有人会说，无毛的裸体毫无价值，它只不过是其他更重要的幼态持续机制的副产品，比如是大脑发育时间拉长这一变化的伴生物。但是我们在前面已经看到，幼态持续机制是互有区别的延缓生长的过程。有的特性比其他特性成熟慢，其成熟的速率是不同步的。由此可见，像裸体无毛这种有潜在危险的幼态特征，仅仅是因为其他幼态特征减缓了成熟期而随之被保留下来，这一想法难以成立。除非它对人这个新的物种有独特的生存价值，否则它很快就会被自然选择淘汰。

那么，裸露的皮肤有何生存价值呢？一个解释是，狩猎猿放弃游荡的生活而走向定居时，其居所为大量的寄生虫困扰。夜复一夜地在同一窝穴里睡觉，给许多寄生虫提供了异常丰富的繁殖场所。于是虱子、螨、跳蚤和臭虫大量繁殖，到了非常危险的地步，对狩猎猿的生存构成了严重的威胁。通过甩掉它身上的"毛衣"，这个定居窝穴的物种才能更好地对付寄生虫。

这个观点大概有一定的道理，但是它很难说有重大意义。很少有其他固定居所的哺乳类——定居的哺乳类数以百计——采取了脱毛裸体这一步。然而，如果别的原因使脱毛这一演化过程得以发展，那么消灭皮肤寄生虫就容易多了；今天多毛的灵长类动物还面临着这一任务，捕捉寄生虫仍然消耗了它们大量的时间。

另一个观点的思路与第一个观点相似。它认为，裸猿的进食习性污秽肮脏，体表的"毛衣"因此很快黏结成团，污秽不堪。这又是一种致病的威胁。有人指出，兀鹰取食时把头颈全都扎进血淋淋的猎物尸体之中，因此其头颈部的羽毛就掉光了；由此可以类推，狩猎猿的全身也可能因其进食习性污染毛发而使毛发掉光。但是，狩猎猿首先学会的必然是用东西清理毛发，而后才能学会制造捕杀猎物的工具和剥掉兽皮的工具；后者难以先发展起来。就连野生的黑猩猩遇到解便困难时，偶尔也会用树叶当手纸。

有人提出了另一种说法：由于学会用火而导致体毛的脱落。据说，狩猎猿只有晚上才感到冷，一旦它能坐在营火边享福，它就可以舍弃体毛，使它能更好对付白天太阳照射的热量。

还有一种独辟蹊径的理论认为，居住在原野上的原始猿类变成狩猎猿之前，经过了一个长期水生猿的演化阶段。根据这一设想，它进入热带海滨去觅食。它在那儿能找到相当丰富的甲壳类动物和其他海生动物，那儿的食物来源和原野上的食物来源相比要更加丰富、更有吸引力。起初，它仅仅在岩边的水坑里和浅滩中试探，后来它慢慢游向较深的水域去潜水找食物。据说，在此过程中，它与其他进入水中生活的哺乳类一样，将会失去体毛。只有它的头，因为游水时伸出水面，所以才保住了"毛衣"，以防太阳直射。后来，等到它的工具（起初的工具是用来砸开贝壳的）发达到一定的程度后，它就会离开养育它的海滨摇篮，进入原野，终至演化为狩猎猿。

据信，这一理论说明，我们今日何以能在水中游得像鱼儿那样自如，而我们现存的最近的亲属黑猩猩在水中真像是秤砣落水、很快溺毙。它还能解释我们流线型的身体和直立行走的姿态。直立行走的姿态大概是踩水进入深水区所形成的。它能说明我们身上汗毛奇怪走向的轨迹。仔细观察表明，我们背上汗毛的走向与其他猿类的情况不同。我们的汗毛成对角线走向，向后面偏中间方向指向脊柱。这样的走向正是游泳时水流过背部的方向。它说明，假如背上的毛发先变化走向而后才脱落的话，这个走向的变化正是为了减少游水时的阻力。同时又有人指出，我们有一个独一无二的特点，在所有的灵长类动物中，唯独我们才有一层较厚的皮下脂肪。这被说成是与鲸鱼或海豹的脂肪对应的机制，是补偿和防止能量消耗的装置。他们强调指出，没有人提出任何其他的理论来解释我们这一解剖特征。甚至连我们的手掌感觉非常敏锐这一特征，都被用来支持这个水生演化理论。毕竟，一只相当粗糙的手可以握住棍子和石头；可是在水中摸食物却需要一只感觉细腻而敏锐的手。也许，从树上走下地面生活的猿类，最初就是在水中取食而演化出了一双异常灵敏的手，然后又把它们传给后来的狩猎猿的。最后，水生论毫不留情、一针见血地指出，专家寻找人类化石演化中最重要的缺失的一环时，四处碰壁、一无所获；水生猿理论指出，如果专家们不辞辛苦，到 100 万年前的非洲海岸边去搜寻，就可能找到对自己有利的那个缺失的一环了。

可惜，海滨搜寻化石的研究尚未开展。然而，尽管水生论有许多吸引人的间接证据，可是它缺乏扎扎实实的支持。它能干净利落地解释许多特征，可是它反过来要求人们接受假设的重大阶段时，却没有任何直接的证据支持。（即使最终证明这一假设有确凿的证据，它也不会和现在已被普遍接受的人类演化设想相冲突，现在的理论认为狩猎猿是由陆居猿演化而来的。水生论只能说明，陆居猿接受了一场相当隆重的洗礼仪式。）

另一个论点的思路完全不同。它认为，体毛脱落不是适应自然环境的反应，而是一种社会因素造成的倾向。换言之，它的产生不是一种机械装置，而是作为一种物种标记。一些灵长类动物身上有裸露部分；在有些情况下，它们似乎是物种的标记，使同类能彼此识别，亦能使猴或猿据此识别其他物种的灵长类动物。狩猎猿体毛脱落被认为仅是被自然选择任意选中的特征，它只是偶然成为这个物种的物种标记。当然赤条条裸露的躯体使裸猿很容易识别，这是不能否认的。但是，要达到同一个目的，本来有大量的并不那么急剧变化的方式可供选择，而且还可以不牺牲一层保温的"毛衣"。

与此思路相同的还有另一种意见。它把体毛脱落描绘成性信号的延伸。据称，雄性哺乳类总的来说比雌性毛多；裸猿拓展了两性在这方面的差别，因而其雌性对雄性的吸引力越来越大。脱毛的倾向亦影响雄性，但是影响程度较轻，它们留下特殊的毛发与雌性形成鲜明的对照，比如胡子。

上述最后一个观点能圆满解释裸体的性别差异。但是，它遇到同样的一个问题：体毛脱落后其保温功能也随之失去，为了外表更富于性感而牺牲保暖机制，这个代价不低；即使有皮下脂肪作为保温的部分补偿手段，这个代价也太高。这个意见还有一种略加改头换面的翻版：与其说是裸体的外表更富于性刺激，不如说是裸体在抚摸时更富于性刺激。可以认为，由于裸露的皮肤在性接触中对感官的刺激，雌雄两性对性刺激都会变得高度敏感。在配偶关系趋于固定的演化过程中的物种，裸体的刺激会使性活动更加兴奋；由于加强了性交的报偿，配偶关系就得到加强。也许，对裸体最常见的解释是，它是作为一种散热的手段而演化出来的。狩猎猿走出阴凉的森林，它经受的高温是前所未有的。据信，它脱去"毛衣"是防止身体过热。从表面上看，这一假设颇有道理。因为我们今日在炎热的夏日里的确要脱去夹克衫。但是这个说法经不起仔细推敲。首先，原野上生活的动物（与我们的躯体大小相差不多的动物）中，除了裸猿，没有一种脱去了体毛。假如事情如此简单，我们就能指望见到裸体的狮子和豺狗。事实刚好相反，它们都遍身长着短毛，且相当浓密。裸露的皮肤暴露在空气中，当然可以增加散热的机会，但是它也增加了吸热的机会，而且在直射的阳光下皮肤有被灼伤的危险——皮肤被灼伤的危险，每一位进行日光浴的人都是知道的。有人在沙漠中做过试验，结果证明：穿轻薄的衣服可以减少水分散发，因而减少热量散失；然而与此同时，人从外界吸收的热量也可以因此而大大减少，比完全裸体所吸收的热量要少 55％。在高温气候中，阿拉伯人喜爱的那种质地厚、款式肥的长袍，比轻薄服装的防护效果还好。它既可以减少进入身体的热量，又可以容许罩在长袍里的空气流通，有助于汗液挥发而起到降温的作用。

显而易见，情况比乍看之下复杂得多。体毛是否脱落，很大程度上取决于环境温度的高低和太阳直射的程度。即使气候有利于脱毛，换言之，即使气候相当热但不太热，我们仍须解释，裸猿的皮肤与其他原野上食肉动物的皮肤为什么显著不同。

我们有一个办法对此作出解释，它也许会对我们变成裸猿的整个问题作出一个最佳的解答。狩猎猿和它的竞争对手食肉动物之间的基本差别是，它的体质不适于疾如闪电的冲刺，亦不能使它与猎物比耐力，它追踪猎物的速度不能与食肉动物相比。然而，它恰恰又必须具有追踪猎物的速度与耐力。它成了好猎手，因为它的脑子更发达，这使它用上了更巧妙的策略，制造出更致命的武器。尽管如此，狩猎活动仍然对它的体质构成了很大的压力。追踪猎物至关重要，它再苦再累也得忍受。但是，在追踪猎物的过程中，它一定会觉得热不可支。因此就产生了强大的自然选择压力，迫使其解决体温过高的问题，任何微小的降温机制都有助于这个自然选择，即使它意味着其他方面会做出一些牺牲。毫无疑问，这是毛猿转化为裸猿的关键因素。加上幼态持续机制的推动，再加上前述的体毛脱落的次要好处，这个论断应当是站得住脚的。由于体毛脱落、体表汗腺增加，可以达到相当有效的降温目的；不是为了适应原有那种每分钟不停进食的生活，而是为了适应追捕猎物狂奔猛跑的生活。结果，体表盖上一层汗液的薄膜，它那暴露在空气中的、劳累的肢体和躯干都盖着一层汗水，挥发的汗液就使体温不致升得太高了。

　　于是，我们面前就出现了这种直立行走、猎杀动物、武器精良、守卫领地、幼态持续、大脑发达、赤身露体的裸猿，它的祖先是灵长类动物，它在演化中变成了食肉动物，它终于站立起来准备征服世界了。然而它还是一个新生的、试验性的物种，新的行为方式需要不断完善。它的主要麻烦是由文化发展和遗传变化的不平衡引起的。它的文化进步突飞猛进，总是走在任何新的遗传基因变异的前头。而它的基因则较为稳定，老是掉在后面。它常常体会到：尽管它在改造环境中取得了巨大无比的成就，可是它骨子里仍然是一只地地道道的裸猿。

　　说到这里，我们可以将其历史搁置下来，看看它今日的命运。现代的裸猿究竟有一些什么行为举止？它如何对付历史悠久的饮食、争斗、择偶、育儿等问题？它的电脑般的大脑在多大程度上调整自己作为哺乳类动物的冲动？也许它不得已对自己的这种冲动作了过多的让步，而它又不愿意承认这一事实？我们且拭目以待。

第二章

性行为

在性行为上，今天的裸猿发现自己处于困境之中。作为灵长类动物，他被拉往一个方向；作为食肉动物，他却被拽向另一个方向；而作为高度发达的文明社会的成员，他被拖往的又是一个方向。

首先，裸猿性行为的基本特征全都可以追溯到他的祖先身上，这个祖先就是以果实为生的、在森林中栖居的古猿。为了适应原野上的狩猎生活，这些基本特征经过了剧烈的修正。这一变化过程相当困难。再往后，这些经过修正的特征又不得不经过进一步的调整，以适应社会结构的迅速发展，而社会结构又日趋复杂、日益受文化的制约。

变化的第一个阶段，即从以果实为生的树栖猿的性行为模式转变为狩猎猿的性行为模式，经过了相当漫长的时期才得以实现，不过这一转变颇为成功。然而，第二阶段的变化就不如第一阶段那么成功了。这一次转变极为迅猛，而且依赖理智和后天习得的自制力，而不是依靠自然选择基础上的生物学变化。可以认为，与其说文明的进步陶冶了人的性行为，毋宁说人的性行为塑造了文明。倘若这一论断看起来太笼统，请让我先提出这一论断。到了本章末尾，我们再回头予以检查。

首先，我们必须准确无误地确定裸猿在性生活中如何行事。这一步研究听起来容易做起来难，因为性行为千差万别，不同社会内的性行为千变万化，同一社会里的情况也是如此。唯一的办法是接受调查结果的一般情况，这些结果是在文明进步中最成功的社会里经过大量的抽样调查得出的。小型、落后、不发达的社会可以忽略不计。这些社会中也许存在许多令人神魂颠倒、稀奇古怪的风俗习惯，但是从生物学特性上讲，这些性行为再也不能代表演化的主流模式。事实上，这些社会之所以在生物特性的演进中不大成功，也许正是由于其异常的性行为帮了倒忙。

本书采用的资料，大多取自近年在北美进行的研究报告，这些研究颇费心血，主要以北美文化为研究对象。所幸的是，从生物学的角度来说，北美文化规模宏大、卓有建树，可以作为现代裸猿的代表，使人不必担心情况失真。

我们这个物种的性行为要经过三个典型的阶段：形成配偶阶段、性前准备阶段和性交阶段，阶段顺序通常如此，但并非总是如此。形成配偶阶段通常叫作求爱期，其时间之长，用动物的标准来说，实在令人惊讶。求爱期通常历时几周，甚至长达几个月。与其他物种一样，求爱期的典型特征是试探和矛盾的行为，担惊受怕、大胆接近和逗引异性的矛盾交织在一起。如果双方的性引诱信号达到一定的强度，紧张害怕和犹豫不决的情绪就逐渐减轻。所谓性引诱信号，包括面部表情、身体姿态和求爱语言。求爱语言既包括非常专门的、高度符号化的语言信号，又包括同等重要的、独特的甜蜜腔调。人们常说求爱的恋人"娓娓呢喃"。这样的描摹扼要说明：求爱中语气的重要性胜过了言辞本身。

第一阶段的性引诱信号表现为视觉和声音的形象，随后求爱的双方开始身体接触，常常伴以身体的扭动。配偶形成后，身体扭动明显增加。先是用手摩挲、用胳膊搂在一起，随之是在脸上亲吻、嘴对嘴亲吻。双方自然紧紧地拥抱，或者静静地搂着不动，或是一边拥抱一边摩挲亲热。常常能看见恋人突然分开而互相追逐、嬉戏、蹦跳、舞蹈，幼年时期嬉戏的模式可能会在求爱中再次表现出来。

求偶阶段的行为多半是在公开场合下进行。一旦进入性前准备阶段，就要追求隐私，随后的行为尽可能不被人看见。进入这个阶段以后，躺下的行为模式显著增加。身体接触更加用力，拥抱的时间更长。感情烈度较低的并排仰卧姿态让位给富于激情的面对面拥抱和亲热。这样搂抱的姿势可能维持几分钟，也可能长达数小时。此时语言和视觉的信号不如第一阶段重要，身体接触的信号渐趋频繁。这些信号一般是轻微的动作，在身体各部游移，轻轻地抚摸按压，尤其用手指、手掌、嘴唇和舌头。宽衣解带部分完成或全部完成，肌肤的接触性刺激逐渐增加，尽可能遍及全身。

在这个阶段，嘴对嘴的亲吻频率最高，时间最长，亲嘴的力度或极端温柔，或极端用力。在力度较大的时候，嘴唇分开，舌头进入伙伴嘴巴，用力刺激口中敏感的黏膜。嘴唇和舌头还可能用来亲吻和舔舐身体的其他部位，尤其是耳垂、颈部和生殖器。男性尤其注意女性的乳房和乳头，嘴唇和舌头在这里的动作缠绵细腻，舔舐、吸吮。经过这一番接触、摩挲、舔舐以后，双方的生殖器也可能成为接触、摩挲、舔舐的目标。生殖器的爱抚发生时，男性的动作集中在女性的阴蒂上，女性的动作集中在男性的阴茎上，当然其他部位的动作也会同时进行。

除了嘴巴亲吻、舔舐和吸吮之外，亲吻的动作也可能遍及其他部位，甚至会发生轻重不等的咬的动作，典型的咬很轻，时或咬得很重，甚至很疼。

在嘴唇亲吻异性伙伴身体的间隙中，双方有大量的肌肤摩挲，当然这样的摩挲多半是和嘴唇的亲吻同时进行的。手掌和手指在全身摩挲，尤其集中在面部，在更投入的情况下，会摩挲臀部和阴部。嘴唇亲吻时，男性特别注意女性的乳房和乳头。无论摩挲什么部位，手指都反复按压肌肤，有时甚至用手指抓、用指甲掐。女性可能会紧握阴茎或有节奏地抚摸阴茎，以刺激性交动作；同样，男性也刺激女性的会阴尤其是阴蒂，同样是有节奏的爱抚。

除了嘴唇、手和全身的接触外，性前准备达到高潮时，男性会用阴茎有节奏地在女性的身上摩挲；身体纠缠在一起，胳膊和大腿互相纠缠，身子抽动，肌肉痉挛，身体时而紧贴，时而放松。

以上的性刺激，是性前活动爆发期中给异性伙伴的刺激，由此而引起生理上的性唤起，导致性交发生。性交开始时，男性的阴茎插入女性的阴道。性交的姿态一般是面对面，男上女下，身体平行，女性的大腿张开。性交的体姿多种多样，我们稍后再讲，男上女下是最简单、最典型的姿态。接着，男性有节奏地抽动骨盆和阴茎，抽动的力度和速度变化较大，但在不控制的情况下，力度很大，插入很深。随着性交进程，嘴唇的亲吻和手的爱抚有减少的趋势，至少其细腻和复杂程度有所减少。尽管如此，这些互相刺激的辅助性动作在性交阶段多半仍在进行中。

性交阶段比性前准备阶段短促，这是性交阶段的典型特征。大多数情况下，男性在几分钟内就达到高潮，除非想办法刻意推迟这一过程。其他灵长类动物的雌性看起来没有性高潮，但是裸猿的女性独有这种异乎寻常的快感。如果男性延长性交的时间，女性最终达到高潮，这是一种爆炸性的高潮体验，和男性的体验一样猛烈，一样释放；除了射精之外，她生理上和男性的性高潮完全相同。有些女性很快达到高潮，有些女性则全然没有高潮；但一般地说，女性在性交开始后 10 分钟至 20 分钟内达到高潮。

奇怪的是，男性和女性达到性高潮和性释放这两方面竟然会大有区别。这是稍后将要详细探讨的问题，我们将在考虑各种性交模式的功能意义时予以探讨。目前只简单说几句。男性可以克服时间短促的因素，从而唤起女性的高潮；一是靠延长性前刺激的时间、提高其强度，以便使她在阴茎进入前就已经达到高潮；二是在性交时用自我抑制的办法延缓自己的高潮，或者在射精以后、趁阴茎坚挺时立即开始第二次性交，或者稍事休息以后就开始第二次性交。在最后这种情况下，他有所减弱的性冲动成为一种自然的保证，这使他达到第二次高潮需要更多的时间，以便给性伙伴留下充足的时间，使她也达到高潮。

双方体验性高潮以后，一般都感到相当疲倦，通常需要放松、休息，常常会入睡。

谈了性刺激以后，接下来谈谈性反应。人体对以上各种强烈的性刺激作何反应？男女双方的脉搏、血压和呼吸都明显增加。这几种变化从性前准备阶段开始，到性高潮时最为明显。正常的脉率是每分钟70—80 次，性唤起开始时达到 90—100 次，性冲动强烈时达到 130次，性高潮时上升到 150 次。血压从 120 上升到 200，甚至达到 250。呼吸随冲动而加深，进入高潮时竟至于大口喘息，伴之有节律的呻吟。达到高潮时，面部肌肉可能发生痉挛，嘴唇张开，鼻翼翕动，与运动员剧烈运动时的反应类似，与呼吸困难者的反应相当。

性唤起时还有一种富有戏剧性的明显变化，血流的分布发生很大的转移，从体内器官转入体表。皮肤血流增加产生了几个显著的效果。它不光使体表温度升高，双方身体接触时能感觉到这一变化，身子发热——正所谓欲火中烧；而且体表的某些地区还发生明显的变化。在性唤起强烈时，会出现典型的性红晕。女性的性红晕最为常见，红晕从上腹部开始，扩散到乳房上部、上胸部、乳房两侧和中部，最后波及乳房下部。面部及脖子亦可能出现红晕。在反应强烈的女性身上，性红晕还可能传播到下腹部、肩头和双肘，到高涨时可以传至大腿、手臂和背部。在有些女性身上，红晕几乎可以遍及全身。有人将其描述为麻疹似的红斑，它本身看上去就是一种性刺激信号。男性的皮肤上也会出现红晕，不过这种情况不如女性多。和女性的红晕一样，男性的红晕也始于上腹部，然后渐次传到胸部、颈部和面部，间或也有波及肩头、前臂和大腿的情况。达到高潮以后，红晕迅速消散，其消退的顺序与出现的顺序刚好相反。

除了性红晕和体表血管扩张之外，有几种能膨胀的器官会出现明显的血管扩张。血液集中在这些器官，是由于动脉输入的血液多，静脉带走的血液少。器官膨大的现象可以维持很久，因为动脉血管膨大以后又压迫了静脉血管的回流。血管膨胀的现象发生在嘴唇、鼻子、耳垂、乳头和阴部。女性的乳房亦会膨大。嘴唇充血以后变得更大、更红、更突出。鼻翼膨大、鼻孔扩张。耳垂变肥厚肿胀。男女双方的乳头都胀大而坚挺，尤以女性乳头的变化明显（不只是因为血管膨胀，还因为乳头的肌肉收缩）。女性的乳头可以升高1厘米，直径增加0.5厘米。乳晕区亦有扩大，其色泽更深，这一变化不见于男性身上。女性乳房明显变大，到性高潮时可膨胀大约25％，比平常更为坚挺，隆得更圆、挺得更高。

随着冲动的增长，男女双方的性器官都发生相当大的变化。女性的阴道大量充血，迅速滋润。有时，性前活动开始后，阴道几秒钟内就会湿润。阴道深处的 2/3 会延长、扩张，性兴奋高涨时，阴道能加长 10 厘米。性高潮到来时，阴道前部的 1/3 会膨胀；性高潮期间，这一段阴道的肌肉会痉挛收缩，长达 2 至 4 秒钟，随之以 0.8 秒的间隔有节奏地收缩；每次性高潮时，这种有节奏的收缩有 3 到 15 次。

性唤起时，女性的外阴明显充血肿大。大阴唇开启充血，直径可能会长大两三倍，突出到大阴唇的保护层外。小阴唇也膨胀两三倍，从而使阴道加长。在性唤起的过程中，小阴唇发生第二种明显的变化：在充血加长以后，它们呈血红色。

随着性唤起的进展，阴蒂（男性阴茎的对应器官）也膨大加长，但性兴奋高涨后，肿大的大阴唇往往会掩盖阴蒂的变化，阴蒂隐蔽在膨大的大阴唇内。在这个阶段，阴蒂不能直接受到阴茎的刺激，但由于它膨大且敏感，所以它还是能间接感受到阴茎有节奏的冲压。

性唤起时，阴茎发生戏剧性的变化。由于强烈的充血，它一改疲软松弛的状态，迅速膨胀、勃起、坚挺。阴茎的长度一般是 9.5 厘米，坚挺的阴茎能增长七八厘米，其横径也大增；裸猿的阴茎在现存的灵长类动物中独占鳌头。

一旦达到高潮，所有变化很快消退，人体又回复到原状。在性交结束休息期间，人体迅速恢复到平常安静的生理状态。

男性达到性高潮时，阴茎肌肉多次挛缩，将精液射入阴道。前几次的挛缩最为有力，间隔时间为 0.8 秒，和女性高潮时阴道挛缩的间隔一样。

性唤起时，阴囊皮肤收紧，睾丸活动减少。由于输精管收缩，睾丸被提起（就像寒冷、恐惧、生气时上提一样），紧贴身体，睾丸充血时，体积增大 50％甚至 100％。

以上是性活动中男女身体的主要变化。一旦达到高潮，所有的变化迅速复原，性交结束后的身体需要休息，迅速回复到平常安静的生理状态。在性高潮后的反应中，还有最后一点值得一提。高潮一到，男女双方都可能大量出汗，无论性交消耗的体力多少，总是要出汗的。虽然出汗的多少和总体的消耗没有关系，但它和性高潮的强度本身确有关系。汗水分布在背部、大腿和胸部上方，腋窝也会流汗。反应强烈者会全身冒汗，从肩头到大腿。手掌和脚心也可能出汗，面部呈现性红晕者，额头和上唇也会出汗。

以上的概述是我们这个物种的性刺激和性反应。在此基础上，我们可以探讨性行为在我们祖先的生活中有何意义，在我们当代人的生活中又有何意义。但是，首先值得指出的是，上述性刺激和性反应出现的频率并不一致。有些变化是男女性交时必然发生的，有一些只在部分人身上出现。即使这样，它们发生的频率之高也足以使之被视为"种属特性"。关于性反应的频率有以下一些数字。75％的女性有性红晕，25％的男性有性红晕。乳头坚挺在女性中是普遍现象，可是男性中只有 60％。性高潮后出汗这个特征在男性和女性中都占 33％。除了以上几种反应之外，其他的身体反应是普遍特征；当然在不同情况下，其强度和时间多少会有所不同。

还有一点需要澄清的是，性活动在人一生中的分布情况。在 10岁之前，男女两性都不可能有真正的性行为。儿童期可以看见大量的所谓"性游戏"。但是女性排卵、男性排精之前，不可能出现功能性的性行为模式。有的女性 10 岁有初潮；到 14 岁时，80％的少女已出现正常的月经。19 岁的女性全都有了月经。与此同时，阴毛长出、臀部变肥大、乳房隆起。事实上，以上变化比月经来潮略早。身体的全面发育进展较慢，直到 22 岁才能完成。

一般地说，男孩要 11 岁以后才会第一次排精，其性萌动比少女稍晚。（男孩最早的射精记录是 8 岁，此种情况极为罕见。）到 12 岁时，25％的男孩已有射精经历；在 14 岁的少年中，80％的人已出现第一次射精。（至此他们已赶上了少女的月经经历。）男孩第一次射精的平均年龄是 13 岁又 10 个月。与女孩子的情况一样，男孩也出现典型的副性征。体毛开始生长，尤其是阴毛和胡须。体毛生长的典型顺序是：阴部、腋下、下唇、面颊、下巴，然后才慢慢扩展到胸部和其他部位。男性不是臀部肥大而是肩头加宽。嗓音变粗变低。变声在女孩子身上亦有表现，但是其变化程度比男孩要小得多。男女两性的生殖器在此期间都加速生长发育。

有趣的是，如果用性高潮出现的频率来计量性反应能力，男性达到高峰期的年龄比女性小得多。虽然男性性成熟的年龄比女性小一两岁，但是男性十几岁时就可以进入性欲高峰期；女性进入性欲高峰期要等到二十几岁，甚至到三十几岁。事实上，女性要到 29 岁才能与 15 岁的男性的性欲相比。15 岁的少女，只有 23％的人有性高潮的体会；20 岁的女性的高峰体验只有 53％；35 岁的女性的体验达到 90％。

成年男性的性高潮大约是一星期三次。大约 7％的男性每天都有体验，甚至每天射精不止一次。一般男性的性高潮频率在 15 岁到 30 岁之间最高，然后从 30 岁持续下降到老年。连续多次射精的能力逐渐下降，阴茎勃起的角度也随之下降。20 岁左右时，勃起的时间可维持 1 小时以上，但到 70 岁时，勃起的时间降到 7 分钟。然而，

70％的男性 70 岁时的性生活仍然很活跃。

女性的性能力也随着年龄的增长而下降。绝经一般在 50 岁左右突然发生，但从女性的总体情况看，这并不明显削弱性回应的强度，但绝经对性行为的影响因人而异，差别很大。

上述的性交活动，绝大多数是在固定的配偶之间进行。这种性配偶关系，可能是正式承认的夫妻，也可能是非正式的暧昧关系。非婚姻关系的性行为频率较高，这不能被认为是随意的乱交。大多数情况下，它也必然经过求爱阶段和配偶形成阶段，即使由此形成的配偶关系维持的时间并不特别长。大约 90％的人结成正式的配偶关系，50％的女性和 84％的男性有婚前性行为。到 40 岁时，26％的已婚女性和 50％的已婚男性有婚外性行为。有些情况下，正式的配偶关系完全破裂，终至解除（以美国为例，1956 年的离婚率为 0.9％）。我们这个物种的配偶机制，虽然是非常有力的纽带，可它离十全十美还相差甚远。

面对上述各种事实，我们可以着手研讨以下问题：我们的性行为方式如何有助于生存？我们的性行为为何采取这种方式，而不采取别的方式？如果换另一个问题，也许更有助于我们去解答以上两个问题。这个问题是：我们的性行为与现存的其他灵长类动物相比，有何异同之处？

一望而知，人类和任何别的灵长类动物相比，包括和我们的近亲相比，性活动都要强烈得多。对它们来说，不存在长期的求爱阶段。几乎没有一种猴类和猿类形成了持久的配偶关系。其性前准备阶段的模式比较简单，通常只有几种简单的面部表情和呼叫。交配本身也非常短暂。（以狒狒为例，从交配到排精的时间只有七八秒钟，雄性臀部冲击的次数至多为 15 次，常常到不了 15 次。）雌性看上去没有任何性欲的高潮。即使有，和人类的女性相比，也不过是微不足道的一点性反应而已。

雌猴和雌猿的发情期很受局限。一般地说，一月之内只有一周左右，或一周多一点。就连这一点短暂的发情期，也比低级哺乳类大大地前进了一步。低级哺乳类的发情期更加受排卵期的局限。在我们这个物种身上，女性的性活跃期，在灵长类动物发情期不断延长的总趋势中被推高到极点；事实上，女性的性活跃期不受任何时间限制。雌猴雌猿一旦怀孕，进入哺乳期，就停止性生活。相反，人类的性生活扩展到了妊娠期和哺乳期，只是在分娩前后短暂的时间之内，性生活才受到严格的限制。

显而易见，裸猿是现存的灵长类动物中性欲最旺盛的一个物种。如果要刨根究底，我们就得回顾他的起源。裸猿演化中出现过一些什么情况？第一，要生存他就得猎食；第二，他必须有一副胜过其他动物的大脑，以补偿他不适应狩猎生活的躯体；第三，他必须有较长的童年期，让大脑更为发达更为聪明；第四，男性出猎时，女性要留在居所照料幼儿；第五，男性出猎时必须合作；第六，他们必须要直立行走，用上肢使用武器，才能保证狩猎成功。我无意说，以上的各种变化就是按这个顺序先后发生的。相反，它们无疑是同时逐渐完成的，每一种变化同时都促进着其他的变化。我只是将狩猎猿在演化过程中的 6 种重大变化列举出来。我认为，构成我们当今复杂的性行为的各种要素，是上述 6 种变化中固有的特性。

首先，男性留下女性外出打猎时，要确保女性会对他们忠诚。所以，女性不得不发展出配对趋势。同时，如果要指望体力较弱的男性在狩猎中合作，也要给他们更多的性权利。女性应该被更多地分享，性组织要更民主，更少暴政色彩。另一方面，每一位男性也需要有强大的配对趋势。而且，男性现在都有了致命的武器，性争斗的危险性大大加剧：这又是一个很好的理由，让男性满足于只和一位女性结为配偶。最后一个原因是，婴幼儿成长缓慢，这使父母的责任大大加重。必须养成父母养育子女的行为，育儿的责任必须由父母双方共同承担，这是形成强有力配偶关系的另一个原因。

有了这个情景作为起点，就可以看出由此而派生的其他东西。要形成配偶关系，裸猿必须养成恋爱的能力，必须把一个固定的性伙伴铭记在心。无论怎么表达这个意思，其结论只有一个：他怎么学会固定配偶的？促进他形成配偶关系的因素有哪些？作为灵长类动物，裸猿早已形成短暂配偶的趋势，这种关系短则几个小时，多则几天。但是这种关系必须加以强化和延长。有一个因素有助于这一发展趋势，这就是裸猿自身延长了的童年期。在漫长的成长期里，幼儿与父母结下了深厚的依恋之情。这种依恋之强烈和持久，大大超过小猴对父母的依恋。裸猿成熟自立以后，失去了依恋父母的纽带，由此造成了一种"关系真空"，这个空白必须填补。所以，他已经做好准备，用一个同样有力的新纽带去取代与父母的纽带。

即使这一空白足以强化他形成配偶关系的需求，他还是需要另一种东西，以帮助维持配偶关系。配偶关系要持续足够长的时间来养育后代。恋爱以后必须维持爱情。长期和富于激情的求爱保证了爱情的形成，但是此后还需要新的东西去维持爱情。最简单自然、直截了当的办法，就是配偶的共同活动更加繁复多样、更加使人得到报偿。换句话说，就是使性生活更富有性激情。

这一演化特征是如何实现的呢？回答似乎是：用尽一切办法。如果回头看当今裸猿的行为，我们就可以看见这个模式是如何形成的。女性性活跃期的延长，不能简单地用增加出生率来解释。诚然，如果育儿期的女性仍处于性活跃期，这的确能增加出生率。由于儿童依赖父母的时间很长，如果女性在育儿期中不能接受性生活，那就必然是一个灾难。但是，这一点不能用来解释她在每个月经周期里都保持性开放的生理现象。每个经期只有一次排卵，所以非排卵期的性交根本就没有生殖的功能。人类的性生活，显然大多与繁殖后代没有关系；其关注的重点，是凭借性伙伴的互相报偿来增强配偶关系。由此看来，配偶性生活中反复达到圆满的顶点，显然并不是现代文明高度精细、腐败没落的产物，而是根深蒂固的、有生物学基础的、合乎演化要求的、健康的趋势。

　　女性在停经期即妊娠期，仍然能接受男性的性要求。这也是尤为重要的，因为在形成一对一的婚姻关系后，长时间使男性失望会危及婚姻关系，它可能会危及配偶关系。

　　性生活的时间增加了，除此之外，性生活本身也更为花样翻新。狩猎猿的生活使我们脱去体毛、皮肤裸露，手掌更加敏感，这两个因素使人在面对面的身体接触中大大拓展了性刺激的范围。在性前准备阶段，身体接触的刺激担负着重要的角色，轻抚、摩挲、紧贴、拥抱的动作反复出现，大大超过了其他任何灵长类动物。此外，诸如嘴唇、耳垂、乳头、乳房和生殖器等专门的性器官都充满了敏感的神经末梢，对身体接触的刺激都非常敏感。耳垂看来是为此目的而演化产生的专门器官。解剖学家常常把耳垂叫作毫无意义的赘生物，"毫无用处的多脂肪的赘疣"。一般说来，人们把耳垂解释为一种大耳朵的演化"遗存"。但是，如果看看其他灵长类动物，我们就发现它们的耳朵并不大。看起来，耳垂非但不是演化的残存物，反而是演化的新生物。我们发现，在性冲动发作时，耳垂充血膨胀、非常敏感。由此可见，它们无疑是演化中产生的另一个对性刺激敏感的地区。（奇怪的是，耳垂的这个功能受到相当的忽视；但是有一点值得注意：确有男性和女性因为抚摸耳垂而引起性冲动的，这一点有文献记载。）有趣的是，人类突出而肥大的鼻子是另一个独特而神秘的特征，解剖学家尚不能给予解释。有一位解剖学家说它"纯粹是发育丰富的、没有功能意义的变异"。很难想象，如此趋向明确而独特的赘生物，在灵长类动物的身上会毫无演化意义。当你体验到性冲动时，当你的鼻腔周围的海绵体组织勃起，使鼻孔扩张、鼻翼冲血时，你就会怀疑以上的说法了。

除了上述身体接触中的性刺激，还有一些相当独特的视觉信号。复杂的面部表情在此占有重要的地位，虽然它们的演化同时也是为了改进其他方面的交流。在所有的灵长类动物中，我们这个物种具有最复杂、最发达的面部肌肉表情。事实上，在所有现存的动物中，我们的面部表情系统最细腻、最繁复。借助嘴唇、鼻子、眼睛和眉毛周围肌肉的细微运动，借助前额肌肉的细微运动，以及面部肌肉运动的各种组合，我们可以表现各种复杂的情绪变化。在性活动尤其在求爱阶段的初期，面部表情是极为重要的。（面部情绪变化的形式将在另一章里探讨。）性冲动时瞳孔放大；虽然这一变化比较轻微，可是我们往往意识不到自己对此的反应是多么敏感。眼球表面的光泽是另一种视觉信号。

正如肥大的耳垂和突出的鼻子一样，人类的嘴唇也是一种演化特征。其他灵长类动物中见不到这一特征。当然一切灵长类动物都有嘴唇，可是它们的嘴唇不像我们的嘴唇那样向外翻卷。黑猩猩在故意噘嘴时能将其外翻，使通常藏于嘴里的黏膜显露出来。但是它翻嘴皮的时间非常短暂，过一会儿它的嘴唇又恢复到很薄的原状。相反，我们的嘴皮却永远向外翻卷。在黑猩猩的眼里，人的嘴老是噘着。如果你有机会让黑猩猩拥抱，它可能会在你的脖子上亲吻一下，这样你对它用嘴唇表示一种信号的能力就不会怀疑了。对黑猩猩来说，亲吻不是性刺激信号，而是用来致意的信号。但是对人而言，亲吻既用于亲热也用于致意。在性交准备阶段，亲吻尤其频繁而持久。这一演化大概更便于让敏感的嘴唇黏膜永远暴露在外，所以在长时间的亲吻过程中，嘴唇周围的肌肉用不着收缩就可以保证嘴唇的黏膜接触。但是，其功能并不仅限于此。暴露在外的黏膜使嘴皮的轮廓分明、外形独特。嘴唇红润的外形不会淡化而融入周围的皮肤之中，它保持着固定的分界。于是嘴唇亦成为重要的视觉信号装置。性冲动引起上唇出汗，嘴皮充血变得更红。唇线分明，显然有助于这些性冲动信号的精细变化，使其更醒目易察。当然，即使在平时没有性冲动的情况下，人的嘴唇也比周围皮肤红。这样的嘴唇本身，即使在未显示性冲动的情况下，也成了兜售性行为的广告，吸引异性注意这种性功能的存在。

有些解剖学家不理解我们独特的黏膜外翻的嘴唇，他们说这一演化特征"尚未完全被认清"，并且认为它或许与婴儿吸奶时间的增加有关。但是，黑猩猩幼仔也善于吸奶，且它的嘴唇肌肉更发达，吸附力更强，看上去更适于吸奶。而且，吸奶这一原因不能用来解释唇线分明的演化特征，也不能用它解释肤色不同的人群中的唇形差别。相反，如果把嘴唇看成是发送视觉信号的装置，这些差别就容易理解了。如果气候环境要求肤色变深，就会减少嘴唇和周围皮肤的颜色差异，因而影响嘴唇发送信号的功能。假如嘴唇真是重要的信号装置，我们就可以指望会出现一种补偿手段；实际的演化似乎正是如此。黑人的嘴唇变厚，显得更加突出，因而保持了引人注目的特性。它们失去的颜色差异靠厚度和形状得到了补偿。而且，黑人嘴唇边缘的线条更为分明。肤色较浅的种族，其唇边较为隆起，亦较周围皮肤的颜色略浅。从解剖特征来看，黑人的唇形特征不像是非常原始的特征，而是唇部演化中比较积极的特殊变化趋势。

还有许多其他显而易见的视觉上的性刺激信号。如前所述，青春期生殖能力到来的象征，是长出引人注目的体毛，尤其是阴毛和腋毛，男性还要长胡须。女性的乳房迅速发育。体形也发生变化，男性肩头变宽，女性骨盆加大。以上变化不只是把性成熟的个体和未成熟的个体区分开，而且能把成熟的男性与成熟的女性分开。它们不光是性系统开始运转的信号，而且表明每一位个体的性别。

女性膨大的乳房一般被视为是由于哺乳需要而引起的演化，而不是性生活需要。这一想法似乎没有证据。其他灵长类动物有充足的乳汁哺育后代，可它们没有长出线条分明的半球形乳房，唯有人类女性才有这种独特的高耸乳房。演化所导致的高耸的半球形乳房，看起来是性信号的又一个例子。裸露的皮肤使这一演化成为可能，同时也推动了乳房的演化。膨大的乳房掩藏在体毛下面就不大令人注目，但是体毛脱落以后，它们清清楚楚地突显出来了。除了外形显著外，它们还使人的注意力集中在乳头上，使性冲动时乳头的勃起更加引人注目。乳头周围的乳晕在性兴奋时颜色加深，也促使乳头更加诱人。

裸露的皮肤也使性红晕这种信号成为可能。其他动物身上有限的裸露之处也会出现性红晕，但是人体的性红晕扩展的范围更广。面部的红晕尤其出现在性行为的初期，在性冲动更强烈的后期阶段，典型的斑状红晕是常见的。（这种形式的性信号，肤色较深的人为了适应气候而不得不牺牲。但是我们知道他们同样有性红晕，因为虽然这种变化并非肉眼可见，可是仔细一看仍可以发现皮肤的光泽显示了重大的变化。）

　　在我们搁下这一系列视觉上的性信号之前，还必须考察它们在演化过程中一个非同寻常的方面。为此目的，我们要把目光移向我们最低级的灵长类远亲——猴类，看看它们身上一些奇妙的变化。最近德国学者的研究显示，有些物种开始模仿自我。最富有戏剧性的例子是西非狒狒和埃塞俄比亚狒狒。西非狒狒雄性的阴茎呈血红色，而阴囊两侧却各有一块蓝色的斑纹。同样的色彩模式出现在面部，其鼻子呈血红色，面额突出呈深蓝色，似乎其面部通过同样的视觉信号来模仿其阴部。当西非雄狒狒走向另一只狒狒时，其生殖器颜色的鲜明对比被走路的姿势掩盖起来了，但它仍可借助模仿生殖器色彩的面部发送重要的信息。埃塞俄比亚雌狒狒也热心于模仿自我。她①的会阴周围有一圈深红的区域，再绕以白色的乳突。会阴中部的阴唇呈血红色。这一视觉形象模式在她的胸部又得以再现：一块裸露的血红色区域，周围环绕着同样的白色乳突。位于这块红色皮肤中部的乳头呈深红色，两个乳头贴得很近，使人强烈地感到它们与阴唇非常相似。（事实上两个乳头靠得太近，以至于小狒狒吸奶时把两个乳头都含在嘴

---

① 本书在强调动物雄性和雌性的生物性区别时，一律按照原著翻译成"他"和"她"。全书如此，特此注明。——译者

里。）她胸部的红色和会阴的红色一样，随着经期的变化而变化。

我们不可避免地要得出一个结论：由于某种原因，西非狒狒和埃塞俄比亚狒狒把生殖器的信号移植到了身体的正面。我们对野生的西非狒狒知道得太少，无法猜测这个物种何以会发生这一奇怪的变化。但是，对于野生的埃塞俄比亚狒狒，我们确实知道，它们比类似的猴类更经常使用坐姿。如果坐姿是它们更加典型的姿势，自然可以说，把性征移到胸部，它们就更容易把这些信号传递给自己的同类；如果其性征只保留在臀部之下的会阴部，向同类传达信息就不那么容易了。许多灵长类动物都有颜色鲜艳的生殖器，但是身体正面模仿会阴颜色的演化并不多见。

我们人类这个物种在身体姿势上发生了急剧的变化。和埃塞俄比亚狒狒一样，我们大部分时间都端坐着。我们在社交中也直立面对面。是否可以说，我们也喜欢类似的自我模仿呢？我们端坐和直立的姿势也影响了我们的性征吗？从这个角度去思考，答案是肯定的。除人类之外，一切灵长类动物的交配姿势都是雄性从后方靠近，雌性撅起臀部向雄性送去。雄性看见后，向雌性靠拢，从后部贴近与雌性交配。交配时身体的正面没有接触，雄性的生殖器压在雌性的臀部上。人类性交的情况迥然不同。不光是性前准备阶段要面对面地长时间亲热，性交阶段也主要用面对面的方式。

关于面对面的性交姿态有过一些争议。从生物学的角度看，面对面的姿态是我们裸猿自然的姿势，其他的姿势应该被视为这个姿势的变异，这个观点长期存在。近来有权威人士挑战这个观点，声称就人类而言，不存在基本姿态这回事。他们觉得：一切性交姿态都是有用的；裸猿是富有创造性的物种，试验我们喜欢的任何体姿都是天性，事实上姿势越多越好，因为这会增加性生活的复杂性和新奇性，防止长期性伴侣出现性疲劳。在他们描绘的语境下，他们的论点似乎完全站得住脚；但在试图得到这个结论的过程中，他们太走极端。他们的目的是反对这样一种观点：任何有别于面对面性交的体姿都是"罪孽"。为了反驳"罪孽"说，他们强调这些变化的价值，就他们所举理由来看，他们是正确的。凡是改善配偶性报偿的举措显然都有助于加强配偶关系。从生物学的观点来看，这些办法都是健全的。但在争论的过程中，这些权威忽略了一个事实：无论怎么说，我们裸猿显然有一个基本而自然的性交姿势，那就是面对面的姿势。实际上，一切性信号和性敏感区域都在身体的前部——表情、嘴唇、胡须、乳头、生殖器、性红晕和性红潮区域都集中在正面。他们可以说，在性交的早期，这些信号可以充分发挥作用，进入性交阶段以后，既然身体前部的性信号已经完全调动双方的激情，男性就可以改变姿态，转向从女性后面进入，如果他喜欢，他还可以选择任何奇异的姿态。这些情况都存在，作为新奇手段也是可能的，但有其弊端。首先，性伙伴的个人身份对我们这个配偶制的物种极其重要。面对面性交的姿态意味着，性信号和性报偿与性伙伴的身份信号是密切联系的。所以面对面性交是"个性化的性交"。此外，面对面性交时，由性前触觉调动起来的身体前部的性敏感区可以延伸到性交阶段。如果用其他姿态，许多业已调动起来的感觉就不复存在。再者，面对面性交男性臀部抽动时可以最大限度地刺激女性的阴蒂。当然，无论什么姿态，在阴茎的抽动下，阴蒂都可以得到被动的刺激，但面对面性交时，男性的会阴直接压在阴蒂上，这种直接有节奏的压力会大大增加阴蒂受到的刺激。最后要说的是女性阴道的解剖结构，与其他灵长类动物比较，直立行走的结果使女性阴道大大前倾。

可见，面对面性交的姿态是我们这个物种基本的姿态。当然，一些变异的姿态仍然有面对面的成分，比如男上女下、女上男下、肩并肩、蹲式、站立式等，但最有效、最常见的姿势是平卧的、男上女下的姿态。美国研究人员估计，美国文化里 70％的人用这种姿态。即使花样翻新的人许多时候用的还是这一姿势。采用从后面插入的人还不到 7％。一次大规模的跨文化调查涉及分布在世界各地的 200 多个社会，其结果是，在这些文化里，从后面插入的性交姿势在任何社会都不是常用的姿势。

如果我们接受这一事实，我们就可以回到起初提到的性活动的模仿自我。倘若我们的女性成功地将男性的注意力从她的背部转移到前部，演化就必须要使她的前部更加吸引人。回头看我们的祖先，在某一演化阶段，他们用的是后插入的性交姿势。假如到了演化的某个阶段，女性用臀部向男性发出性信号，展示一对肥大肉感的、半球形的臀部（顺便说明，其他灵长类动物没有这样的臀部），以及一对鲜红色的大阴唇。假定男性对这些性信号做出了强烈的回应，假定在这个演化阶段，我们的祖先越来越挺直腰板走路，越来越多地以身体正面进行社会交往，在这样的情况下，你完全可以预料到，发生在埃塞俄比亚狒狒身上的臀部自我模仿就会出现在裸猿女性身体的正面。看看女性的正面，我们是否能够发现她的身体正面有和远古裸猿相仿的性展示呢？她是否有类似半球形的臀部和鲜红色大阴唇的身体结构呢？答案和女性胸脯一样不言自明。那高耸的半球形乳房一定是对肥臀的模仿，嘴唇周围鲜明的唇线一定是鲜红色大阴唇的翻版。（你可能还记得，在性唤起强烈时，嘴唇和大阴唇都肿胀，更加血红，它们不仅外形类似，而且在性兴奋时发生同样的变化。）如果我们的男性已经习惯对女性从后面展示出来的这些性信号做出回应，那么，当这些性信号在女性身体的前面得到复制，男性对这些新信号早就具备内嵌式的敏感了。看来这正是演化中发生的事情，女性的乳房和嘴唇复制了臀部和大阴唇。（红色的唇膏和乳罩立即涌入脑际，但这两样东西只能暂时存而不议，等到介绍现代文明特殊的性技巧时再说吧。）

除了极端重要的视觉刺激之外，还有一些嗅觉上的刺激也起到性刺激的作用。我们的嗅觉在演化中大为退化，但是它仍然相当有效，在性行为中嗅觉比我们通常意识到的更有效。我们知道男女两性的气味有所不同；有人认为，在形成配偶——包括求爱和堕入情网——的过程中，就把恋人的气味记在心间了，我们依恋情人特殊的身体气味。与此相关的另一点有趣的发现是：青春期的少男少女喜欢的气味会发生一些变化。之前对甜味和水果香的偏好，到性成熟时逐步减弱，随之发生戏剧性的变化，爱上了花香味、油腻味和麝香味。两性都发生这种变化，但是男性对麝香味的反应比女性强烈。据说即使空气中只有 1/800 万的麝香味，男性也能嗅出来。意味深长的是，麝香味在许多哺乳类的气味信号系统中占有支配的地位，而且这种气味是在专门的腺体中产生的。虽然我们没有大的气味腺体，可是我们有许多小型的腺体——顶泌汗腺。顶泌汗腺的分泌物中有许多固体物质。顶泌汗腺分布于身体的好几个地方，但集中在腋窝下和生殖器中。这些地区的毛发无疑发挥着吸附气味的作用。据说性唤起时顶泌汗腺产生的气味有所增加，不过迄今尚无详尽的分析资料问世。但是，我们已经确认，女性的顶泌汗腺比男性多 75％。有趣的是，如果我们回忆低级哺乳类交配的情况，就会发现，雄性嗅雌性的时候多，雌性嗅雄性的时候少。

顶泌汗腺在人体的分布，看起来又是适应面对面性交所发生的变化。阴部的顶泌汗腺没有任何异常之处，在这一点上我们与许多哺乳类动物无异。但是，顶泌汗腺集中在腋下是比较出乎意料的。看起来，它与人体的性刺激集中在身体正面的总体趋势有关，与面对面的性接触有关。在嗅觉这方面，它使性伙伴的鼻子靠近腋下的嗅位区，在性前准备阶段和性交阶段都容易闻到伙伴的气味。

迄今为止，我们探讨的是人类在改善和拓展渴望型性行为中的各种方式；这方面的各种演化特征是为了不断强化配偶性行为的报偿功能，以巩固和维持配偶关系。但是渴望型性行为产生了性满足的高潮，所以性高潮的演化机制也需要改善。请你停下来想一想灵长类动物古老的性行为系统。除了交配之后的短暂时间，雄性灵长类动物在任何时候都处于性活跃的状态，性高潮对雄性非常重要，因为性释放降低了他们的性冲动，使他们有时间再生产足够的精子。相反，雌性的发情期却很受局限——只集中在排卵期前后很短的时间里。发情期的雌性任何时候都愿意与雄性交配。交配次数越多，成功受精的可能性就越大。对雌性来说，不存在什么性满足，不存在性高潮，其性冲动是无法平息和遏制的。她们的发情期太短，不能浪费一点时间，要不惜一切代价完成受精的任务。如果有强烈的性高潮，她们就浪费了宝贵的交配期。雌猴在交配结束、雄性从她身上爬下来时，没有一点情绪激动的征兆，她常常平平静静地走开，像什么也没发生过。

对于我们这个配偶固定的物种来说，情况就迥然不同了。首先，因为只有一位配偶，当男性性交结束后，女性此刻的性反应就没有什么特别的好处了。所以，女性出现性高潮的快感不会遭遇到什么阻遏。相反，有两种机制非常有利于女性性高潮的形成。第一种是她从性合作中所得到极大报偿的机制；正如其他改善性行为的演化一样，女性的性高潮能强化配偶关系，起到维系家庭的作用。第二种机制是性高潮增加受精的机制。如果要弄懂这一点，我们又必须回头看一看我们的灵长类近亲。雌猴交配以后，她可以若无其事地立即开始游荡，而不必担心精液流失，因为精液潴留在她阴道里最深的部位。当她四肢着地行走时，其阴道走向仍然与地面基本平行。但是，倘若我们人类的女性对性交无动于衷，她也立即起身走路，情况就完全不同了。因为她直立行走，行走时阴道几乎与地面垂直。在地心引力的简单作用下，精液会顺着阴道往下流，因而会丧失很大一部分。所以，性交结束后，任何促使女性保持身体水平的生理反应都是非常有利的。女性性高潮时的强烈反应，能使她因满足而感到疲倦。这正是女性性高潮的效果，它具有双倍的价值①。

在灵长类动物中，人类女性的性高潮是独一无二的演化特征，从生理上说，她的性高潮与男性的性高潮模式是一样的，表明女性的性高潮从演化上说是一种"伪男性"反应。从两性的解剖生理上看，双方都具有潜在的异性特征。从比较动物学的实践来看，我们知道，演化可以使潜在的异性特征突显出来（即所谓"性别错乱"的现象）。在这一点上，我们知道女性对阴蒂的刺激非常敏感。女性的阴蒂相当于男性的阴茎，这一事实的确表明：无论如何从起源上讲，女性的性高潮乃是从男性那里"借用"的一个模式。

所以，我们可以归纳说，在改善渴望型性行为和性高潮行为的适

---

① 有人说，女性性高潮还有一个额外的功能：宫颈收缩有助于将精液吸入子宫，从而促进受精。——作者

应机制方面，各种演化特征都是为了增强裸猿的性生活，以保证配偶关系的形成，这一基本的特征不见于其他的哺乳类动物。但是，出现这一新趋势后产生的困难尚未完全克服。我们看看当今裸猿的配偶，发现他们协调一致、互相扶助、养育婴儿——似乎万事无虞了吧。但是，婴儿长大以后很快进入青春期，到了那时又该怎么办呢？倘若灵长类动物古老的行为模式不予修正，成年男性很快就会把年轻的男性赶出群体，以占有年轻的女性。她们就将与自己的母亲一样，成为群体传宗接代的家族成员。而且，如果年轻的男性被赶到社会的边缘，处于低下的境地——许多灵长类动物就是这样做的，那么，全部由男性组成的狩猎群体中的合作精神就会受到影响。

　　显然，人类还需要进一步修正繁衍后代的体系，即需要一种异系交配或远系繁殖制度。为了维持配偶制度，必须要让子女能找到自己的配偶，这个要求对实行配偶制的物种来说并非异常之举，许多低级哺乳类中也能看到这一制度。但是大多数灵长类动物都是社会化的动物，其社会性增加了这个制度的困难。大多数有配偶关系的动物中，后代长大以后，家族就分裂开来各奔前程。由于裸猿的社会有合作精神，他不能采纳这种家族分散解体的办法。所以这个问题就成了一个摆在家门口的迫切问题，不过其解决办法基本上是普遍一致的。正如所有实行配偶制的动物一样，父母彼此有强烈的占有欲望。母亲在性生活上"占有"父亲，反之亦然。一旦子女开始出现性征，他们就成为父母的性对手，儿子是父亲的对手，女儿是母亲的对手。父母有赶走子女的倾向。后代也需要建立以自己的家庭为基础的"领地"。他们之所以有这种要求，首先是因为父母建立了一个养育后代的家庭，可供其效仿，他们只需复制父母安家的模式。父母的家庭基地自然由父母支配，属父母所有，所以在父母基地的属性里没有适合子女建立领地的属性。父母家中以及家庭成员的身上，到处都是父母的信号，包括基本的信号和联想的信号。青春期的子女自然要排斥这些信号，要着手去建立自己繁衍后代的基地。这是具有领地欲的食肉动物的典型特征，而不是灵长类动物的特征。这是另一种基本行为的变化，裸猿在演化过程中必须完成这一变化。

令人遗憾的是，异系交配常被人说成是为了防止乱伦。因为它的言下之意是：这是比较晚近才出现的现象，是一种文化上的控制行为。其实，它一定是很早之前某一个阶段就发生了的生物演化，否则人类现今这种典型的繁衍模式是不可能从灵长类背景之中演化出来的。

另一个与此相关的特点似乎是人类独有的特征：女性的处女膜保留至成年。低级哺乳类在泌尿生殖系统发展的胚胎期才有处女膜；但是幼态持续机制使裸猿的处女膜保留下来了。这就意味着，女性的第一次性交会遭遇困难。当演化千方百计使女性尽可能对性刺激敏感时，乍看之下，她同时又保留了一种对抗性生活的机制，这似乎就有点矛盾了。不过，情况并不像表面看那样自相矛盾。处女膜使第一次性交困难，甚至使她痛苦，这就使她不至于轻易丢失童贞。显然，青春期有一段"广交异性朋友"以寻找合适的伴侣的阶段。青春期的男性没有理由不实现充分的性交而半途而废。配偶关系形成之前，他们不承担任何义务，他们要广交异性朋友，直至找到合意的伴侣。但是，年轻的女性如果不形成配偶关系，就会发现自己怀孕做母亲而没有伴侣。处女膜在女性身上起到一定的刹车作用，它要求女性在恋情很深以后才走出最后的一步，即由于处女膜破损而疼痛的那一步。

在此还必须说一说单偶制和多偶制。配偶关系在全人类的兴起，自然有利于单偶制的形成，但是它不会绝对要求采用单偶制。如果野性的狩猎生活使男性人数稀少，就会出现幸存的男性占有不止一位女性的趋势。这可以在增加繁殖率的同时，不造成"多余的"女性无法找到配偶的危险局面。如果配偶机制只适合单偶制，绝对排斥多偶制，那就会使物种的繁衍失去效率。但是，多偶制的形成并不那么容易，因为女性对男性有强烈的占有欲，争风吃醋会带来危险。而且，维持大家庭的经济压力也不利于它的形成。程度不高的多偶制固然可以存在，但是它受到严重的局限。有趣的是，尽管一些规模较小的社会中仍然存在多偶制，但是所有的大型社会（占世界总人口的绝大多数）实行的都是单偶制。即使在容许多偶制的社会里，实行多偶制的男性通常也不过一小部分。多偶制在所有大型文化中不复存在这一事实，是否就是这些文化成功的一个主要因素，这个问题颇为有趣。总之可以说，无论那些默默无闻的、落后的部落社会还在实行什么婚配制度，人类主流社会的婚配特性仍然以极端的形式表现出来，这就是长期的单偶制。

由此可见，狩猎猿就是性欲复杂的：他是性生活很多的、固定配偶的一种动物，有许多独一无二的特性；他既保存了灵长类祖先的特性，又在演化为食肉动物的过程中经历了很多变化，所以他成为兼有两者特性的复杂的物种。在此基础上，我们还要给他加上第三种成分——现代文明。在单纯的树栖猿演变为合作的狩猎猿的过程中，脑容量增加了，容量增大的脑髓忙于推动技术的进步。简陋的部落居所变成了庞大的城镇。石斧时代发展到了繁荣兴旺的太空时代。但是，这些熠熠生辉的表层变化对人类的生殖系统有何影响呢？看来这个影响是很小的。文明演进太快太迅猛，任何根本的生物演化都来不及发生。表面上看似乎是发生了变化，然而事实上这种变化不过是虚假的幻象。在现代城市生活的表象之下，人还是原来那个裸猿。只不过各种名目发生了变化："狩猎"现在读作"工作"，"猎场"读作"公共场所"，"居所"读作"住宅"，"配偶关系"读作"婚姻"，"性伙伴"读作"妻子"，等等。前面提及的美国学者对当代性生活模式的研究说明，裸猿的解剖生理机制仍然在当代人的性生活中发挥充分的作用。人类史前特性的残留，再加上比较动物学对食肉动物和灵长类动物的研究，给我们描绘了一轴画卷，使我们看见裸猿在远古时期如何利用性机制、如何组织性生活的情况。如果我们抹去公共道德那一层深色的外壳，当代人的性生活的资料似乎也呈现出大致相同的景象。正如我在本章开宗明义所说的那样，人类作为动物的生物属性塑造了人类文明的社会结构，而不是相反：人类文明的社会结构决定了人类的生物属性。

然而，尽管人类基本的性行为体系仍然以相当原始的形式保留下来（社区扩大的同时并没有出现性生活社区化的模式），但是许多细微的控制和约束机制推广开来了。之所以需要这些控制和约束，那是因为人在演化过程中出现了一系列繁复的解剖生理性征，结果使人的性反应更加强烈和敏感。但是，这些解剖生理特征是为关系密切的小型部落生活设计的，而不是为大城市生活设计的。我们在大城市的生活中，常常和成千上万的陌生人摩肩接踵，陌生人给别人刺激，也容易受他人的刺激。这是个新情况，必须有对付这一新情况的机制。

事实上，文化约束的兴起一定更为悠远，早在社会生活中碰见陌生人之前就出现了。即使在简单的部落社会中，配偶双方在公开场合走动时，也必须减少身体发出的性刺激。如果要增加性生活的报偿功能以维持配偶关系的话，配偶分开时也必须采取行动抑制性行为，以避免刺激第三者。在其他有配偶关系和社群生活的动物中，对性行为的抑制主要靠攻击性的姿势来完成。在人类这样有合作精神的物种身上，好斗性较少的办法更加受欢迎。在这个问题上，我们发达的大脑可以出来帮忙。显然，言语交际有重要作用（比如说"我的丈夫不喜欢这样的事情"），正如它在许多社会接触中发挥着重要作用一样。但是，我们还需要更多直接与此相关的措施。

最明显的措施是遮掩得并不严实的、尽人皆知的遮羞布。由于裸猿直立行走的姿势，他走向任何一位同类时，都不可能不暴露生殖器。其他的灵长类动物四足行走，所以不会有这个问题。它们想暴露生殖器时，必须要采取一种特殊的姿势。而我们却面对着他人的生殖器，每一小时，每一天，无论我们做什么，都无法避免这一事实。由此可见，用衣物遮盖阴部必然是很早的文化现象。用衣服御寒，无疑是人类从适宜的气候区移居到寒冷地区后才出现的文化现象。但是，这个阶段大概要相当晚才会出现。

由于文化环境的变异，与性刺激抗衡的衣物也出现各种变异。有的时候，衣物发展到遮盖第二性征（比如像乳罩和唇罩）的地步，当然有些衣物也不一定演化到这一步。在一些极端的例子里，女性的生殖器不仅用衣物遮掩得严严实实，而且完全被封锁起来。最广为人知的是贞节带。这是一条金属打制的带子，把女性的阴部和肛门套在里面，带子上钻有小孔以供排便。类似的做法还有缝合处女的外生殖器，直至结婚方才拆开，也有用金属环闭锁女性外阴的情况。不久前还有人记录了一个极端的例子，有一位男性每次与妻子同房以后，就把妻子的阴唇锁起来。当然，这种预防女性失贞的做法是非常罕见的。但是，用衣物遮掩会阴这一不太极端的做法，现在几乎成了普天之下的共同现象。

另一种重要的文化现象是，性行为本身成为隐私。生殖器不光变成了需要隐藏的器官，而且性行为本身也必须隐秘。今天，其隐秘性产生的结果之一是，人们把性行为和睡觉联系在一起。和某人睡觉成了和某人同房的同义语。所以，人们的性生活虽然分散在一日之中，但是它主要还是集中在晚上。

我们已经看到，身体接触成了性行为的一个重要部分，因此日常生活中必须抑制身体的接触。在繁忙的社区生活中，一定要禁止和陌生人的身体接触。如果碰触到陌生人的身体，我们就要立即道歉，碰触到的部分越是敏感，道歉的诚意就越要强烈。快镜头放映街头小景或大楼里熙来攘往的行人能清楚说明，人们时刻遵守着异常复杂的、避免碰触陌生人的策略。

与陌生人接触的限制，只有在极为拥挤的情况下才能解除，只有对特殊行业的人才会开禁（比如像理发师、裁缝和医生），因为他们的职业使他们"有权接触"顾客和病人的身体。与密友和亲属的身体接触所受的限制较少。他们的社会角色确定他们不是性伙伴，所以和他们的身体接触危险较少。尽管如此，招呼问候时的身体接触仍有固定的程式。握手礼有固定的程式，亲吻礼也有固定的程式（双方面颊相贴），使之与性伙伴嘴对嘴的接吻区别开来。

体态的某些方面失去了性刺激的特征。女性双腿叉开的姿势需要竭力避免，坐下时把双腿紧贴在一起，或者把腿架起来。

如果无法避免张开嘴巴——这个姿势有点像性反应时的口型——

人们常常要用手掩饰。嬉笑、媚笑和鬼脸是求爱阶段的面部表情，人们在社交场合常常用手加以掩饰。

在许多文化里，男性常常除去一部分第二性征，把胡须刮掉。女性常除去腋窝里的毛发。腋毛是一种防臭装置，但是如果常穿裸肩的衣服，那就得刮掉腋毛。阴毛通常遮掩得严严实实，所以不用刮。有趣的是，艺术模特儿常常要刮掉阴毛，因为他们的裸体没有性的含义。

此外，人们常常要除去身上的气味。人们沐浴之频繁，远远超过了医疗卫生的目的。社交生活中常常要减轻身体的气味，去除气味的化学商品一路畅销。

大多数控制机制都采用一种简明扼要、无可辩驳的方式来实现。我们常常把需要限制的东西叫作"不好""不行""不礼貌"。控制性行为的本意反而难得提到、难得想到。但是，同时运用的还有其他一些控制机制，其形式是人们制定的道德准则和为性行为立法。这方面的准则和法律有文化差别，但是一切准则和法律所关注的都是一个目的：防止陌生人之间的性冲动，防止婚外性行为。但即使在最信奉禁欲主义的清教徒中，这一控制机制也有困难，所以，为了有助于这一控制机制，各种各样的升华技巧便都使用上了。比如说，学童的体育活动和其他剧烈的体力活动有时就受到鼓励，企图以此来减少性冲动。仔细考察这一观念及其运用就可以看出，一般说来它遭到了可悲的失败，运动员的性欲既不比别人强，也不比别人弱。他们在体力消耗中确有所失，但在身体健康方面又有所得。唯一有助于控制机制的办法，看来是悠久的奖惩制度——惩治耽于声色的行为，奖励节制声色的行为。当然，这只能压制冲动，而不能减少冲动。

显而易见，膨大到不自然程度的社区需要采取一些控制婚外性行为的步骤，防止强化了的社会接触所导致的配偶之外的性行为，不让它加剧到危险的程度。然而，裸猿演化成了一种性行为高度发达的灵长类动物，他采取的控制只能达到这一步。他的生物本性老是不断地在反叛。一种方式的人为控制实行以后，另一种方式的对抗又出现。这常常导致荒唐可笑、自相矛盾的局面。

女性要遮掩乳房，可是她接着又用乳罩使乳房隆起。这一性征设施或者是填以衬料，或者是充气膨胀，所以它不仅能恢复掩藏之中的乳房形状，而且能使之膨大。乳罩就这样被用来模仿性冲动时膨大的乳房。有的时候，乳房下垂的女性甚至做整容术，用皮下注蜡的办法达到长期丰乳的效果。

性征衬料也用于身体的其他部分；只需想想过去男士短裤前的悬袋、衬肩和女士们支撑裙子的腰垫，即可窥其一斑。当今一些文化里，消瘦的女性可以买臀罩或"假胸"。高跟鞋的功能是使正常的步态变形，从而使屁股的扭摆加大。

女性的臀部衬垫曾经在不同的时期里采用过，再加上紧束的腰带，臀部和乳房的曲线就显得更加夸张。因此，杨柳腰一直受到人们的宠爱，妇女们普遍喜爱束腰。这一潮流发展到半世纪以前"黄蜂腰"那种登峰造极的程度，有的女性甚至做手术取掉最下面的一根肋骨，以求得更好的效果。

广泛使用唇膏、胭脂和香水来增加嘴唇、面颊和身体气味的性感信号，构成了进一步的矛盾。女性精心洗掉身上天生的气味，然后又用商业性的"性感"香水取而代之。这些香水实际上与其他动物的嗅腺分泌物的水溶液无异，而这些哺乳类可能与人类是毫无亲缘关系的。

　　读者看过所有这些各种各样的性约束以及人为的抗衡措施以后，禁不住会纳闷：回到起点去不是更省事吗？为何要先在屋子里放冷气，然后又在里面生火呢？正如上文的解释所言，约束的原因是直截了当的，那是为了防止随意的性刺激，因为随意的性刺激妨碍配偶关系。然而，为何又不完全限制性刺激的公开表现呢？为何又不把性表现——包括生物的和人为的——局限在配偶之间的私生活中呢？问题的部分答案是，人类的性行为高度发达，它要求恒常不断地表现和释放。它之所以发达，是为了维护配偶的关系；可是现在，在复杂社会充满刺激的气氛里，它常常又在非配偶关系中受到触发。不过，这仅仅是答案的一部分。性还被用来作为维护地位的手段——这是其他灵长类动物使用的广为人知的策略。如果一只雌猴在不交配的场合去接近一只好斗的雄猴，雌猴就可能在使用性表现行为；——这不是因为它想交配，而是因为它可以借此来激起雄猴的性冲动，而性冲动又可以遏制雄猴的攻击性。这类行为模式被称为诱发新动机的活动。雌猴用性刺激去诱发雄猴的新动机，借以取得一些非性行为方面的好处。人类也借助类似的手段。许多人为的性信号就用在这一方面。使自己吸引异性的注意，可以减少社群里异性成员的对立情感。

　　当然，这一策略对固定配偶关系的物种来说存在着危险。刺激不能过头。遵守自己文化中基本的性行为限制，就可以明确发出信号："我不准备干那种事情"；同时又可以发出其他信号："但是我又非常性感"。后者可以减少别人的敌视，前者使情况不至于失去控制，如此而求得两全。

　　这一策略本来应该取得干净利落的效果，可惜还有其他一些影响在起作用。配偶机制并非完美。它不得不嫁接在悠远的灵长类动物行为系统上，这一系统仍要显露出来。一旦配偶关系出了故障，悠远的灵长类动物冲动又会燃烧起来。此外，裸猿演化的重大成就里有一个特点：童年的好奇心一直维持到成年人阶段，两者加在一起，情况显然会变得危险。

裸猿行为系统的设计，显然适合这样的情况：女性一个接一个生养一大批孩子，其配偶与其他男性外出打猎。虽然基本情况保持至今，但是有两点已经变化。出现了人为控制子女人数的倾向。就是说，已婚的女性不再承受生儿育女的全部重压，配偶不在家时，她也有暇过性生活。还有一种倾向：许多女性参加外出狩猎。当然，现在是"工作"代替了古代的狩猎；每日出门工作的男性可能发现自己是在男女混合的群体中生活，而不是在古代那种全由男性组成的狩猎队中生活。这意味着，配偶双方都有许多东西需要忍受。配偶关系常常受压而崩溃。（你也许还记得，美国的统计数字说明，26％的已婚妇女和50％的男性到40岁时已经有过外遇。）不过，原配关系常常很牢固，足以在有外遇的情况下继续维持下去，或者在外遇过后又重新得以维持。配偶关系最后完全瓦解的情况，只占很小的比例。

如果我们的讨论到此为止，那就夸大了配偶纽带的作用。大多数情况下，它能够满足性好奇而安然维持，但这一纽带并未强大到根除性好奇。虽然强大的性印记（imprinting）维持了配偶关系，但它没有彻底清除配偶关系之外的性活动。如果配偶纽带以外的偶合与纽带的冲突太强烈，那就必须找到不那么有害的替代方式。解决办法有最广义的偷窥，偷窥被采纳的范围广、规模大。严格地说，观淫癖是偷窥他人性交而求得性兴奋，但逻辑上说，它可以泛指对任何性活动的非参与性兴趣。几乎所有的人都喜欢这样的活动。他们观看、阅读、收听这样的活动。电视、广播、电影、戏剧和小说的大量内容和满足偷窥的需求有关系。杂志、报纸、一般的谈话也满足这样的需求。满足偷窥需求成全了一门重要的产业。在偷窥的整个过程中，偷窥者实际上没有任何性行为。一切都是通过代理人完成的。这样的需求很紧迫，以至于我们不得不发明一群特别的替身来表演。这些人就是男女演员，他们假装代替我们经历那一套性行为过程，让我们观赏。他们求爱和结婚，然后又扮演新的角色，换一天又重演求爱和结婚的把戏。这样，观淫者观赏的内容就大大增加了。

如果你观察过很多不同种类的动物，你就会得出结论，这种偷窥活动在生物属性上是反常的。但它比较无害，甚至可能对我们这个物种有用，因为在一定程度上，它满足了我们难以遏制的性好奇，同时又不会使偷窥者卷入潜在的新伙伴关系中，因而也就不会危及他的配偶纽带。

卖淫的运行机制与此颇为相似。当然，这里头也有嫖客和娼妓的投入，但典型的情况是，整个过程被无情地限制在性交的阶段。此前的求爱甚至性交前的预备活动绝对被控制在最低限度。求爱和性前的预备活动是配偶关系形成的早期阶段，它们被压制是理所当然的。倘若已婚男性放纵性冲动，与妓女性交时追求新奇花招，当然就可能损害他的配偶纽带，不过，这样的损害略低于富有浪漫色彩的、非性交活动的风流韵事。

另一种需要考察的性活动是同性的固恋。性行为的首要功能是物种的繁衍，显然，同性恋没有这个功能。这里做一点细微的分辨很重要。从生物学来看，同性恋的假性性交没有异常之处。在多种情况下，许多物种都有假性性交的行为。然而，从生殖上来说，同性配偶纽带的缔结是不健康的，因为这不能导致后代的生产，是成人潜在生育能力的浪费。弄清楚为何出现同性恋，那将有助于我们考察其他的物种。

上文已经解释，雌性动物如何用性信号去重新激发富有攻击性的雄性的性冲动。她唤醒他的性冲动，借以抑制他的敌视，避免遭到攻击。地位低下的雄性也用类似的策略。小雄猴经常用雌猴引诱雄猴的姿态让地位高的雄猴爬到自己背上，以免受到攻击。同样，地位高的雌猴也可能骑到卑微的雌猴身上。在灵长类动物的社会环境中，性模式用于非性环境的现象司空见惯，而且极有价值，有助于维持种群的和谐和组织。在裸猿以外的灵长类动物中，由于没有紧密配偶纽带的经验，这样假性交不会给同性的长期配对造成困难。这仅仅解决了迫在眉睫的受欺负问题，但不造成长期的性关系后果。

理想的性对象（异性）不存在时，也可以看到同性恋。这见于许多动物中：同性的一员被当作替代对象，也就是性活动里“次优的选择”。在绝对隔绝的情况下，动物被迫用极端的办法，它们尝试与无生命的物体交媾，也可能会自慰。比如，在圈养的情况下，曾有食肉动物与餐盒交媾的情况。猴子常有自慰的模式，狮子的自慰也曾有记录。和其他圈养的物种的另类交配也有可能出现。不过，一旦同类的生物刺激到场——异性出现时，同性恋行为和自慰行为就荡然无存。

我们人类也有类似的情况，而且其回应也很相似。由于某种原因，男性和女性不能与异性打交道时，他们就会寻找其他的性释放出路。他们就可能利用同性的成员或其他的物种，或者用自慰的办法。美国人性行为的详细研究资料显示，在美国文化里，到 45 岁时，

13％的女性和37％的男性在与同性的接触中，曾有过性高潮。和动物的性接触少得多（当然是因为合宜的性刺激少得多）；记录显示，这样的接触在女性中只有 3.6％，在男性中只有 8％。虽然自慰不能提供"性伙伴的刺激"，但由于它做起来容易，所以它发生的频率高得多。据统计，58％的女性和92％的男性在他们一生中的某个时候进行过手淫。

倘若这些生殖上浪费的活动不减少个体长远的生育潜力，那就是无害的。实际上，从生物学的角度看，这样的活动可能还有好处，因为它们有助于防止性挫折，而性挫折有可能以多种方式造成社会的不和谐。然而，一旦产生这样的性痴迷，那就会出问题。我们已经看到，我们这个物种有强烈的"恋爱"倾向，我们和我们献殷勤的异性结成了有力的纽带。印记机制产生极端重要的长期配偶关系，这一关系对长期的育儿需要是至关重要的。一旦发生严重的性接触，印记就会开始运作，后果是显而易见的。我们献殷勤的早期目标，很可能成为关系固定的性对象。印记是一种联想过程，获得性奖励时的某些主要刺激与性奖励密切相关，没有这些重要的刺激，性行为就不可能发生。如果社会压力驱使我们去体验过去在同性恋或自慰情况下获得的报偿，那些情况下出现的某些因素就会成为持久而有力的性刺激。（更加异常的恋物癖也是这样产生的。）

人们可能认为这些事实会带来很多麻烦，其实不然。大多数情况下，有两种因素会防止这种情况发生。首先，对异性典型的性刺激，我们有一套本能的回应机制，凡是缺乏这一套性信号的对象，我们都不太可能做出强大的求爱回应。其次，我们初期的性试验具有高度的尝试性。起初，我们很容易堕入爱河，也容易失恋，这样的尝试还颇为频繁；仿佛充分的印记落在其他性刺激后面。在"搜寻"的阶段，我们的典型表现是形成许多小"印记"，它们彼此抵消，直到某一时刻，我们才可能受到重大印记的影响。一般地说，我们接触到充足的性刺激，而这些性刺激又和适当的生物学刺激接上关系以后，配偶关系就以正常异性恋的形式展开了。

如果我们和其他一些物种演化中的情况进行比较，这样的性配偶关系就比较容易理解。比如，成双成对的群居鸟迁徙到繁殖场去筑巢安家。小鸟和尚未交配的鸟首次和成鸟一道飞到目的地，划定自己的领地，结对孵鸟。这一切都不可延误，刚到不久就必须完成。小鸟将根据性信号选择配偶。它们对性信号的回应是与生俱来的。它们追求一位伴侣，把求爱行为局限在一个对象身上。这一目标达成靠的是印记机制。在求偶阶段展开的过程中，本能的性暗示（每个物种的每个性别的所有成员都有共同点）必须要和某些独特的个体识别特征联系起来。这样，印记过程才会缩小到每只鸟只对其配偶做出性回应。这一切都必须迅速完成，因为繁育期很短。如果我们在繁育期开始时就把同一性别的所有鸟全部迁走，就会形成很多同性恋的配对纽带，因为剩下的鸟在种群里拼命搜寻最接近于合适的伴侣。

在我们这个物种身上，求偶过程要慢得多。我们不用抢在短暂的繁育期最后期限之前完成婚配任务。这使我们有时间四处搜寻、"广交异性朋友"。即使我们在青春期比较长期地被塞进了一个性别隔离的环境里，我们也不会自然而然地、永久性地形成同性恋的配偶纽带。即使我们像孵化期的群居鸟那样在男生寄宿学校（或其他类似的单一性别的组织）里生活，也没有少年希望结成同性恋的配偶关系。看来，这样的过程危害不大。大多数情况下，画布上留下的印记比较淡，日益被后来更强大的印记抹掉了。

然而，在少数情况下，危害可能会更加持久。强大的联想特征会牢固地和某些性特征连在一起，人生稍后的配偶联系可能就需要这一些特征。同性伙伴释放的承认弱势的基本性信号不足以胜过正面的印记联想。为何要让一个社会遭受这样的危险？这是一个合情合理的提问。答案似乎是：因为社会有必要尽可能延长青少年的教育阶段，以便应对文化中极其复杂的技术需求。如果少男少女生物条件成熟时就建立家庭，许多训练潜在就可能被浪费。因此，社会施加强大的压力防止他们很早就安家。遗憾的是，无论多大的压力都不可能防止性系统的发展，如果它找不到平常的路径，它就会寻找其他的出路。

另一个重要因素可能会影响同性恋趋势。如果母亲太阳刚、强悍，而父亲太柔弱，子女就会迷惘而不知所措。其行为特征和解剖学特征就会南辕北辙。当他们性成熟时，儿子就会寻找行为特征（而不是解剖学特征）像母亲的配偶；女儿遭遇类似的危险，只不过和儿子的情况刚好颠倒而已。这类性问题的困境是：婴幼期的依赖性被延长了，两代人的依赖期互相交叠，其行为的动乱就反复继承下去。上述阴柔的父亲本人可能曾经受到他父母亲不正常性关系的影响。这样的问题会长时期内引起一代又一代的震荡，其结果有两种：一是逐渐减弱；一是加剧到不再生育，自己了断。

作为动物学家，我不能以通常的伦理道德方式去研讨"性怪癖"，诸如观淫癖、手淫、同性恋等。我只能用人口繁殖与否这样的生物伦理原则来讨论问题。如果有什么性模式妨碍生殖，它们就应该被视为货真价实的生物学上不健全的模式。修士、修女、长期独身的男性和女士、同性恋等人群，从人口生殖的意义上说，都是不正常的。社会养育了他们，可是他们并未作出回报。同样，应该认识到，从生殖的角度说，活跃的同性恋并不比修士更异常。还必须说明，只要它不阻碍总的生殖趋势，任何一种性习惯——无论它对某种文化来说是多么令人厌恶和淫秽，都不能从生物学的角度去进行批评。即使是最稀奇古怪、最精心设计的性行为，只要它有助于配偶的受孕，只要它有利于增强配偶的关系，从生殖上来讲，它就完成了使命；从生物学上来讲，它就应该和最"恰当"、最受赞赏的性习俗一样被人们接受。

但我必须指出，有一条重要的例外，以上勾勒的生物伦理道德在人口过分拥挤的情况下似乎并不适用。一旦人口过剩，规矩就要颠倒过来。研究其他物种时我们知道，在实验条件下出现过分拥挤的情况时，那一刻就到来了：种群密度达到巅峰，整个社会结构就毁于一旦。受试的动物罹患疾病、杀死幼崽、恶斗不止、开始自残。没有任何行为序列会顺利完成，一切都支离破碎。最后，因为死亡太多，种群的密度又下降到可以繁殖后代的水平，但那是在大灾难、大动荡以后才出现的局面。如果密度过大的迹象刚露苗头就有所控制地试验防止繁殖的办法，就可以防止混乱局面的出现。在这样的情况下（密度过大，近期内没有任何缓减的迹象），显然就应该以新的眼光来看待防止繁殖的性模式。

人类自己在迅速走向人口过剩这一前景。我们已经到了不容再自负的关头。解决的办法是显而易见的：降低生育率又不影响现存的社会结构，防止人口数量增加又不阻碍人口质量的提高。避孕技术显然是需要的，但是又不能让它破坏基本的家庭单位。实际上，破坏家庭的危险微乎其微。尽管有人担心广泛使用完善的避孕用品会导致乱交，但是这一可能性很小——人类强大的配偶趋势保证不会发生乱交。如果太多的配偶采用避孕措施，以致到了不再生孩子的局面，那可能会有麻烦。有些夫妻可能会对他们的配偶关系提出过高的要求，这样的紧张局面就可能会瓦解配偶关系。这就可能给准备养育子女的家庭造成更大的威胁。这种生养率的极端减少是不需要的。如果每一个家庭生两个孩子，父母生养的孩子就和他们的人数相当，人口就不会增加。考虑到事故和夭亡，人口平均数会略高一些，但人口不会继续增加，最后的人类大灾难就不会发生。

麻烦在于，作为一种性现象，器械的和化学的避孕手段基本上是新鲜事。许多代人体验过避孕、形成了新的传统以后，究竟避孕对社会的基本性结构有何影响，这要过一段时间才弄得清楚。也许它会给社会—性系统造成间接的、难以预测的扭曲或破坏。但是谁知道呢，只有时间才会告诉我们。然而无论如何，倘若不限制生育，其他选择就更加有害。

记住人口过剩的问题，我们就可以说：现在需要急剧降低生育率，对不育人群的生物学意义上的批评就不再成立；所谓不育人群有僧侣、修女、长期的单身男女和持久的同性恋者。纯粹从生殖上说，这一看法确有道理，不过它没有考虑其他社会问题；有的时候，除了他们独特的少数派的角色之外，他们也许还得面对其他社会问题。尽管如此，只要他们在生育范围之外仍然是善于适应、颇有价值的社会成员，就应该把他们当作宝贵的社会成员，因为他们没有给人口爆炸推波助澜。

回顾人类性行为的整个场景，就可以看出，人类坚守基本生物冲动的程度，比我们原来的想象还要深刻。人类这种灵长类动物的性系统经过食肉动物性行为的修正以后，在经历令人叹为观止的技术进步以后，还是完好地保存下来了。倘若把 20 家城里人迁移到一个亚热带的原始环境中，而男性不得不外出狩猎觅食，那么这个新部落的性结构几乎不需要任何修正，甚至根本不需要修正。事实上，在每个大城市里发生的情况正是这样的：每个人自有其专门的狩猎（工作）技巧，但是他们的社会—性系统或多或少还是原来的样子。科幻小说里虚构的想法都没有实现，婴儿农场、集体的性活动、选择性的绝育和国家控制的生育义务的分工等想法不过是虚构而已。太空猿飞向月球时，他的钱包里还是放着他的全家福。只有在一个领域，我们在迎接挑战——只有在普遍限制生育的领域里，我们古老的性系统才初次遭遇现代文明力量发起的强大攻势。由于医学、外科手术和卫生保健的发达，我们在生育方面的成功达到了令人难以置信的巅峰。我们成功控制了死亡率，现在要控制生育以维持人口的平衡。在未来 100 年左右的时间里，看来我们最终必须要改变自己的性行为方式了。如果是那样，那不是因为我们的性行为方式失败了，而是因为它们太成功了。

第三章

育　儿

父母照料幼儿的重担，对裸猿来说，较之其他任何现存的物种都更为沉重。其他物种对幼仔的照料，就其精心程度而言，也许和裸猿不相上下；可是就育儿的责任范围来说，别的动物绝不能和裸猿相比。在考虑这一趋势的意义前，让我们把基本的事实整理一番。

女性一旦受孕，胚胎即在子宫里开始发育，女性的身体随即发生变化。月经停止，早晨她感到恶心，血压有所下降，略有贫血，乳房逐渐膨大松软，食欲增加。孕妇性情温和平静，这一变化尤为典型。

经过大约266天的孕期以后，孕妇的子宫开始有力而有节律地收缩。羊膜破裂，羊水流出，经过子宫的强烈收缩，胎儿受压离开子宫，顺着阴道娩出体外来到世上。稍事停顿以后，子宫收缩恢复，胎盘排出子宫，产出体外。连接胎儿和胎盘的脐带被切断。在其他灵长类动物中，脐带由母亲咬断；无疑这也是我们的祖先使用的方法。但是，我们今天接生时，却是将脐带结扎止血，然后用剪刀剪断。婴儿肚子上的脐带残端几天以后干枯脱落。

当今世界，普天之下的妇女在分娩时，都有其他成人陪伴助产。也许这是一种极为古老的程序。直立行走的需求对人类女性分娩来说并不仁慈：由于这一步演化，她受到的惩罚是几个小时的痛苦。看来在树栖猿向狩猎猿演化的初期，雌性在分娩时就需要别人的合作了。幸运的是，狩猎猿合作的天性随着直立行走这一演化过程而增长，所以这个痛苦的根源同时又提供了医治痛苦的良方。一般地说，黑猩猩母亲分娩以后，不但要自己咬断幼仔的脐带，而且她往往会吃掉一部分胎盘，她还得舔干羊水，清洗产下的幼仔，怀抱幼仔，保护它不受侵害。人类的情况有所不同，精疲力竭的产妇完全依赖助产的伙伴完成以上各种活动（或者说与以上活动对应的现代行为）。

分娩以后，母亲也许要一两天以后才能泌奶。一旦开始产奶，她就按时给孩子喂奶，哺乳可长达 2 年。不过一般说来不到 2 年，现代人的习惯是将哺乳期减少到 6—9 个月。哺乳期间，母亲的月经一般受阻；通常要等停止哺乳、婴儿断奶以后，母亲的月经才能恢复。如果断奶异常之早，用人工喂养，月经恢复当然不会推迟，女性因而又能较早地开始生育。相反，如果她遵循比较原始的哺乳办法，给孩子喂奶长达 2 年，她就可能每 3 年才生 1 胎。（有时人们故意将哺乳期延长，以此作为避孕的技术。）女性的生育期约为 30 年，如 3 年生 1 胎，她的自然生育能力约为 10 胎。如果采用人工喂养，或断奶过早，从理论上说，她的生育数可以上升到 30 胎。

喂奶的动作对人类女性来说，比对其他灵长类的雌性而言，更加困难。人类的婴儿无能为力，母亲在喂奶时必须更积极主动，她要把婴儿抱在怀里，指引婴儿如何吸奶。有些母亲在给婴儿喂奶时无法让孩子有效地吸奶。这一困难的原因通常是：乳头进入婴儿口腔的深度不够。光是让婴儿的嘴唇衔紧乳头是不够的，乳头必须要塞入婴儿口腔深处，使乳头前部与上颚和舌面接触。只有这种接触才能刺激婴儿的上下颚、舌头和面颊，使其产生强烈的吸奶动作。要完成这几个并列的动作，紧靠乳头的乳房纤维组织必须要有柔韧性。其柔韧性的大小决定婴儿嘴衔乳头的深度，这一深度对吸奶至为重要。要使哺乳顺利进行，新生儿出生四五天后，吸奶的动作就得完美无缺。如果婴儿在出生以后的第一个星期里吸奶的动作反复失败，它就永远不能对喂奶的动作作出完美的反应。它就会养成根深蒂固的习惯，依赖更有价值的（人工喂养）替代办法了。

另一种吸奶的困难，是所谓的"拒抗吸奶"，有些新生儿有这种反应。这种反应给妈妈的印象是孩子不想吸奶。事实上，它说明孩子想拼命吸奶而无法吸奶，因为他不能呼吸。如果婴儿头部靠近乳房的姿势不大恰当，就会堵住它的鼻子；再加上他口衔乳头，所以无法呼吸。他之所以要"拒抗吸奶"，并不是不想吃奶，而是要换气。当然，新妈妈面临着许多诸如此类的问题。但是，我只挑选了以上两个问题，因为它们似乎提供了例证，说明女性的乳房主要是一种性征装置，而不是一种膨大了的产奶机器。造成以上问题的根源，是乳房的坚实和浑圆的形状。只要看一看奶瓶上奶嘴的设计，就可以知道什么形状的乳房最有利于婴儿吸奶。奶瓶上的奶嘴比乳房的乳头长得多，而且奶嘴的后半部不会急剧膨胀成滚圆的半球形；乳房隆起成球形，正是堵塞婴儿鼻子和口腔使其换气困难的原因。奶嘴的设计更接近黑猩猩的乳房。黑猩猩的乳房隆起不高，即使在泌奶的极盛期，她也是扁乳平胸，而不像人类妇女那样丰乳挺胸。黑猩猩的乳头要长一些、突出一些，其幼仔吸奶时遭遇的困难要小一些。由于妇女哺乳的负担相当沉重，而乳房显然是哺乳装置的一部分，所以我们自然而然就认为，乳房突起而浑圆的形状必然是母亲哺乳活动中必不可少的组成部分。现在看来，这一假设似乎有误；对于人类而言，乳房的设计特征主要是性征，而不是行使母亲哺乳的功能。

搁下婴儿哺乳的问题以后，母亲在其他时候养育婴儿的行为中，还有一两点值得考察。通常对婴儿的爱抚、搂抱和清洗不需要解释，但是母亲怀抱婴儿的位置却非常说明问题。美国人的精心研究表明，

80％的母亲用左臂抱婴儿，将婴儿贴在胸部左侧。如果要问这一选择有何意义，大多数人会说，显然是因为美国人多半习惯用右手；母亲左手抱孩子，可以腾出更为灵巧的右手来做事。然而，仔细分析以后表明情况并非如此。不错，惯用右手的妇女和惯用左手的妇女抱孩子时确有差别，但是这一差别尚不足以做出恰如其分的解释。分析结果显示：在惯用右手的母亲中，83％的人用左手抱婴儿，但惯用左手者亦有 78％的人以左手抱孩子。换言之，只有 22％的左撇子母亲腾出灵巧的左手做事。显而易见，必然还有另一种不太一目了然的解释。

唯有另一种线索能说明问题：心脏位于母亲的左侧。母亲的心跳声是否是至为重要的因素？它何以会影响母亲怀抱婴儿的姿势？沿着这些思路去考虑，可以认为：胎儿在母体里成长的过程中，已经对母亲的心跳养成了固定的反射（留下了"印记"）。如果此说成立，那么婴儿出生以后再次听见那熟悉的心跳声，这对他显然有镇静的作用，尤其是当新生儿突然被抛入使之畏惧的新奇而陌生的外部世界时，母亲的心跳声显然有镇静的作用。假如此说不错，那么母亲因为直觉也好，通过无意识的试错也好，总会很快发现；孩子抱在左边靠近心脏时表现得更加安静，抱在右边却是不太安静的。

以上推理看似牵强，但是实验结果已经证明，以上的猜想是正确的。在一所医院的婴儿室里，让新生儿分组听心跳录音，每组有 9 个婴儿，其节律是标准的 72 次/分钟。结果发现，不放录音时，总有一个以上的婴儿哭声不断，大约 60％的时间都在啼哭。反之，如果放录音，婴儿啼哭的时间就降至 38％。听音组与非听音组的新生儿比较，体重显示听音组有较大的增长，虽然听音组和非听音组摄取的食物相等。显而易见，未听心跳的婴儿消耗的热量更多，因为他们哭闹的动作很费劲。

另一场实验以稍大的婴儿为对象，实验在入睡之前进行。有些实验组的寝室里静寂无声；有些实验组的房间里放催眠曲；另一些实验组的屋子里放着节拍器，其速率为标准的心律，即72次/分钟；还有几组的室内播放心跳的录音。然后将各组结果比较，看看哪些组入睡更快。比较以后表明，听心跳录音的婴儿入睡花的时间只有其余各组的一半。实验不但证明心跳声是使婴儿镇静的强有力的刺激信号，而且说明婴儿的反应是非常专一的。节拍器模仿心跳节律的声音并不能给婴儿催眠——至少对初生婴儿是这样。

由此可以肯定，这就是母亲左手抱婴儿的习惯的解释。有趣的是，有人分析了466张圣母抱耶稣的画像（最早的画像是数百年前的作品），结果显示，373张画像中的圣母把圣婴贴在左胸。这一结果也表明，圣母左手抱婴儿的百分比亦在80％这个水平。这一姿势与妇女手挽包裹的姿势适成鲜明对比，妇女手挽包裹的姿势是左右两侧各占一半。

这个心跳印记可能还有哪些结果？也许它能够解释，我们为何把爱的感情归之于心，而不是归之于脑。诚如歌词所言："你要有心！"也许还可以解释，母亲为什么要摇晃孩子，催其入睡。母亲摇晃婴儿的节律与心跳的节奏接近，它再次"提醒"婴儿，使其重温在子宫里已经熟悉的节奏；——母亲巨大的心脏在胎儿上方怦怦跳动使胎儿养成了节奏感。

能解释的现象不止以上两种。直至进入成年以后，我们身上仍能看到这一现象。我们痛苦时禁不住要摇晃身子。我们矛盾冲突时也站着摇晃。下一次你听人讲课时，或看人宴会后发表讲话时，请注意他摇晃的节律是否符合心跳的节律。他面对听众不自在的感觉，使他在这个受局限的环境中采用使身子最舒适的动作。所以，他用上了在子宫里已经熟悉的心律。

每当你产生不安全的感觉时，都可能发现这种那种隐蔽的使人感到舒适的心律动作。多半的民间音乐和舞蹈都采用切分音，这并不是偶然的。在这个领域，音乐和舞蹈动作同样把人带回昔日子宫中那个平平安安的世界中去。少年的音乐被叫作"摇滚乐"，亦不是偶然。近年来，少年音乐被称为"节拍乐"。这个名字更能说明问题。我们再看看他们的唱词是什么"我的心碎了""你的心给了别人""我的心属于你"。

这个主题使人迷恋，但我们不能离题太远，我们最初讨论的是父母照料孩子的行为。迄今为止，我们考察的乃是母亲照料孩子的行为。我们从她分娩孩子的戏剧性时刻开始追踪她的各种行为，观察她哺育孩子、怀抱孩子和使孩子舒适的各种行为。现在，让我们回头看看婴儿，研究婴儿的成长过程。

婴儿出生时平均体重为 7 磅多一点，仅比母亲平均体重的 1/12 略高一些。出生后头两年生长很快，接下来四年中的生长也相当迅速。但是，到 6 岁时生长速度骤降。这段生长缓慢的渐进期男孩维持到 11 岁，女孩维持到 10 岁。接着，到青春期时，生长速度又骤然增加。少年从 11 岁到 17 岁，少女从 10 岁到 15 岁时身体又迅速生长。女孩子的青春期开始略早，所以她们在 11—14 岁时的生长速度超过男孩子。但是，从 14 岁以后，男孩子的生长速度就超过了她们，并且一直处于领先地位。女性 19 岁左右身体停止发育，男性身体发育的停止期晚得多，直到 25 岁才停止。最初的几颗牙齿在六七个月时萌生，全套乳牙通常在 2 岁或 2 岁半时出齐。6 岁时开始长出恒齿，但是最后的几颗臼齿（即智齿）要到 19 岁左右才萌出。

新生儿睡眠的时间很多。一般人认为，新生儿最初几星期每天只有大约 2 个小时不睡，事实不是这样。他们的确嗜睡，但并未嗜睡到那个程度。仔细研究后发现，新生儿最初几天里的睡眠时间平均每天为 16.6 小时。但个体差异很大，最嗜睡的婴儿平均每天睡 23 小时，觉醒时间最长的婴儿平均每天只睡 10.5 小时。

童年时期睡眠和觉醒时间的比率逐渐减少，成年以后，睡眠时间由原来的平均每天 16 小时减少到一半，即 8 小时。不过有些成年人与典型的 8 小时睡眠相差甚巨。2％的成年人只需要 5 小时睡眠，另有 2％的人则需要 10 小时的睡眠。成年妇女比成年男性需要的睡眠时间略多一些。

新生儿 16 小时的睡眠并非集中在夜间一次完成，而是分散在一天之中的几段时间。但是，即使在襁褓之中，新生儿也有晚上多睡的倾向。经过几个星期，晚上的睡眠时间逐渐加长，成为主要的睡眠时间。婴儿每天白天"小睡"几次，晚上长睡一次。这一变化使婴儿每天的睡眠时间逐渐减少，到了 6 个月时就降至每天平均 14 小时。接着的几个月中，白天的小睡减少到两次——上下午各睡一次。第 2 年时，上午的小睡往往消失，每日的睡眠时间因而减少到 13 个小时。进入第 5 年时，午睡亦消失，这就使每日睡眠时间减少到 12 个小时。自此至青春期，儿童需要睡眠的时间又减少 3 个小时；所以到 13 岁时，少年的睡眠时间就减少到每晚 9 小时。自此以后的整个青春期，少年与成年的睡眠模式并没表现出任何差别，他们每天的睡眠时间不超过 8 小时。由此可见，人的最后一个睡眠节律期与性成熟的时间相吻合，而不是与人的身体发育最后定型的时期相吻合。

有趣的是，在学龄前儿童中，智力较强者往往比智力较弱者睡得少。7岁以后，这种关系却翻了过来。比较聪明的学童比智力较差的学童睡眠的时间略长。到了这个阶段，看来儿童并不是靠觉醒的时间多来多学东西；由于他们不得不学习大量知识，所以那些反应积极主动的儿童经过一天的学习以后就精疲力竭了。与此相对，成人之中的智力水平和睡眠时间，似乎没有什么关系。

健康的成年男女所需的入睡时间大约平均为20分钟。睡醒时间应该自然而然地到来。如果需要人为的办法唤醒，那就说明睡眠不够，醒过以后的机警程度就会降低。

新生儿在觉醒的时间里活动较少。他不像其他灵长类的幼仔，它的肌肉很不发达。初生的小猴从降生那一刻起就有力气抓住母亲。甚至在降生的过程中，小猴的前肢就能紧紧抓住母亲的皮毛。相比之下，人类的新生儿是虚弱无助的，他只能用四肢做轻微的动作。直到1个月时，婴儿才能在俯卧时抬头。到了2个月时，他才能用手支撑使胸部离开地面。3个月大的婴儿才能抬手触摸悬垂的物体。4个月才能由母亲扶着坐起来。5个月才能坐在母亲的膝头上，用手抓握东西。6个月才能在较高的椅子里坐起身，用手抓住悬垂的物体。9个月才能手扶家具站立。10个月才能手脚并用爬行。11个月才能由父母搀扶着蹒跚学步。12个月才能凭借坚实的物体自己站起身。13个月才能爬几级楼梯。14个月才能在没有支撑的情况下站起身。15个月是一个了不起的时刻，婴儿可以在没人帮助的情况下自己步行了。（当然，以上各阶段的描述是平均的肌肉发育情况，但是他们至少能大体上表明人类婴儿的姿势和运动的发展速度。）

大约在婴儿学会不借助外来物帮助自己步行时，他也开始学话；最初是几个非常简单的词。可是他的词汇很快就以惊人的速度进入爆发期。到 2 岁时，儿童能说的词汇已近 300 个。到 3 岁时他的词汇又增加了两倍。到 4 岁时他会用的词汇几乎达到 1 600 个。到 5 岁时他已学会 2 100 个词。这种模仿有声语言的惊人速度是人类得天独厚的能力，应该被认为是我们最伟大的成就之一。正如我们在第一章中所看到的，它与狩猎活动的集体合作有关；在此期间，准确有效的交际成为迫切的需要。现存与人类亲缘关系最近的灵长类，没有类似的能力，连与此相近的能力也没有。在操作性的模仿能力上，黑猩猩也像人一样聪明灵巧，可是它们没有言语模仿能力。有人非常认真、费尽心机地训练一只黑猩猩幼仔说话，可是其成效微乎其微。这只小猩猩的生活环境和人类婴儿在家中的环境一模一样。他们把食物奖赏和嘴唇操作结合起来教小猩猩说最简单的词。到两岁半时，小猩猩会说"妈妈""爸爸"和"杯子"。最后它学会了在恰当的情景中说出这三个词，当它想喝水时它能小声说出"杯子"。艰巨的试验继续进行，小猩猩到 6 岁时（人类的幼儿此时学会的词汇已大大超过 2 000 个）的词汇总共才增加到 7 个。

　　这种差别是脑子的差别，而不是发音机制的差别。黑猩猩发音器官的结构完全可以发出许多不同的声音。其发音器官并无缺陷，不足以解释它为什么不能开口说话。它的弱点集中在头颅之中。

　　与黑猩猩不同的是，有些鸟类有显著的口头模仿能力。鹦鹉、鹩哥、乌鸦和其他一些鸟类，能毫不费力地模仿整句话。可惜，鸟类的大脑限定了它们，使其不能充分利用自己的模仿力。它们只能重复人教给它们的话，依样画葫芦地模仿其中的声音，只能按固定的顺序机械地重复，不能把模仿的声音与外界的事件联系起来。然而，令人吃惊的是，黑猩猩和猴类竟然也不能再进一步，在它们目前的水平上再有所成就。哪怕是学会几个简单的、受文化制约的词，也会对它们在自然栖息地的生活大有助益；所以我们难以理解，它们在演化中为何不能学会几个词。

再回头说我们人类。我们与其他灵长类动物共有的咕哝、呻吟和惊叫，并没有被我们新近学会的卓越的语言能力排挤掉。我们与生俱来的声音信号保留了下来，其重要作用也保留了下来。它们不仅是我们建造语言摩天大厦的语音基础，而且作为人类独特的交际手段，亦有其与生俱来的存在权利。和言语信号不同，它们的出现不需要专门的训练，而且它们在世界各民族文化中的意义相同。惊叫、抽噎、笑声、咆哮、呻吟和有节奏的哭泣，等等，给普天之下的人传输同样的信息。和其他动物发出的声音一样，这些与生俱来的声音与人的基本情绪相联系，它们立即给人印象，使人了解发声者有何动机。同样，我们保留了本能的表情——面带微笑、咧着嘴笑、皱眉蹙额、目不转睛、面带惊恐、满面怒容，等等。这些面部表情在不同的社会中也是一样的。尽管人们学会了各自文化里独特的姿势和体态，这些相同的面部表情仍然保留了下来。

看看人类共同的基本声音和表情在个体发育中的成长过程，是饶有趣味的。有节奏的哭叫从降生那一刻起就出现了，我们对此十分熟悉。微笑出现稍晚，大约是在5个星期以后。笑声和发脾气要等到3—4个月时才出现。仔细考察一下这些模式是有价值的。

哭叫是人类发出的最早的情绪信号，也是最基本的情绪信号。微笑和大笑是人类特有的独一无二的信号，但是哭叫是人类和数以千计的物种共同的声音。事实上，一切哺乳类（且不说鸟类）在受惊时和痛苦中都会发出尖叫声、嘶叫声、哇哇声和号叫声。在高级哺乳类中，面部表情演化成视觉信号手段，它们在发出惊叫的同时，还有惊恐的面部表情相伴随。无论这类反应是由幼仔还是由成年动物发出的，它们表达的意思都是出了大问题。幼仔给父母发出警报，成年动物给同一群体的其他成员发出警报。

在婴儿期，有许多东西使我们哭叫：我们疼痛、饥饿时哭叫，周围没大人时哭叫，遇见陌生的刺激时哭叫，突然失去舒适的源头时哭叫，不能得到急需的东西时哭叫。以上各种范畴的原因可以归结为两种重要的因素：身体的痛苦和不安全感。在任何一种情况下，一旦信号发出，它就立刻产生（或者应该产生）父母的保护性反应。如果信号发出时孩子不在父母身边，它就立刻产生缩短孩子和父母距离的效果，直到父母来到孩子身边，将他抱在怀里，或摇晃，或轻拍，或抚摸。如果婴儿已经抱在怀里，如果抱起来以后婴儿仍在哭闹，那么就需要看看孩子身上是否有疼痛之处。只有孩子哭闹的信号消失以后，父母的反应才会终止（在这个方面，哭闹和微笑、大笑的模式根本不同）。

哭叫的动作引起肌肉紧张，同时头部充血变红、眼睛流泪、嘴巴张大、嘴角下收、呼吸强度增加、喘气加剧，当然还有尖厉的哭声。稍大的幼儿还要奔向父母，抱着父母不放。

尽管哭叫是人人熟悉的，我还是详细地描绘了这一模式，因为我们微笑和大笑的特化信号正是从哭泣这一模式演化而来的。当有人说"他笑着笑着就哭起来了"时，他说的就是笑和哭的关系。但是，从演化的观点来说，两者之间的关系应颠倒过来，我们是先学会哭然后才学会笑的。这是怎么回事？首先，要认清哭和笑作为反应模式是非常相似的，这一点至为重要。由于两者反映的情绪迥然不同，所以我们往往忽略了两者的相同之处。与哭泣一样，大笑时肌肉紧张、嘴巴张开、嘴唇后收、呼吸强度增加、喘气加剧。笑得厉害时，面部亦充血涨红，眼睛也要流泪。但是笑声不如哭声嘶哑刺耳，亦不如哭声尖厉高亢。尤为重要的是，笑声比哭声短促，其节奏更快，仿佛是婴儿的大哭被切分成若干短促的片断，并且变得更为平缓柔和、音调有所降低似的。

看起来，笑的反应是由哭的反应演化出来的继发信号，这种演化按照以下的方式进行。我在前面说过，哭叫从降生那一刻起即已存在，而笑声在3—4个月之前是不会出现的。笑声的到来与识别父母的能力同时发生。认识父亲的婴儿也许是聪明的婴儿，但是只有认识母亲的婴儿才会笑。婴儿能认出母亲的面孔并且能将母亲和其他成人区别开来之前，也许会略略发笑，但是他不会哈哈大笑。他能认出母亲的同时，又产生了害怕别人、害怕陌生成人的情绪。长到2个月时，凡是熟悉的面孔都使他高兴，一切态度和蔼的大人都受欢迎。但是，与此同时，他对周围世界的惧怕也开始成熟，任何不熟悉的人都可能使他不安，把他吓哭。（要不了多久，他就可以知道，还有一些大人也会使他舒服，他对这些大人的畏惧就会消失。但是，他不再畏惧的大人是有选择的，只有他认识的大人他才不惧怕。）这个过程的结果就是，婴儿会发现自己处在一种莫名其妙的冲突之中。当母亲的行为使婴儿受惊时，母亲发出的是两套对立的信号。一套信号说："我是你妈妈——你的保护人，没有什么可怕的东西。"另一套信号又说："注意，这件事怪吓人的。"婴儿能识别母亲之前不会处于这种冲突之中。因为如果母亲此时的行为吓住了婴儿，当时的母亲只不过是一种吓人信号的源头而已。可是，现在婴儿已能识别母亲，所以母亲的行为发出的是双重信号："既危险又不危险"，换言之，"看上去有危险，可是它是我发出的信号，所以你不用当真"。结果，孩子作出的反应一半是哭叫，一半是认出母亲的略略声。两者神奇地结合就产生了哈哈大笑。（更确切地说，大笑产生于演化过程中悠远的过去。自此以后，它就固定下来发展成为一种独立而独特的反应。）

由此可见，孩子笑声的意思是说："我知道有危险，但这一危险并不真实。"这就是孩子传递给母亲的信息。母亲现在可以与孩子玩一些激烈的游戏，而孩子却不至于被吓哭。婴儿最早发出的笑声，是由母亲"藏猫猫"、拍手、有节奏地屈膝、把婴儿高高举起等游戏触发的。稍大一点，挠痒痒起着重要的作用，但这要等到 6 个月以后。所有这些游戏全是令人震惊的刺激，但是它们是由"安全"的保护人发出的。婴儿很快就学会了自己挑起这些刺激——比如用"藏猫猫"来获得发现东西的"震惊"，或假装逃跑以获得被抓住的经验。

因此，笑声成为游戏的信号，它使母子之间日益增加的戏剧性关系得以继续和发展。如果这种信号变得过分吓人和痛苦，孩子的反应当然就可能转变为哭叫，并立即再次激发母亲的保护性反应。这一信号系统能使孩子拓展他对身体功能和周围世界的探索。

其他动物也有独特的游戏信号。但与我们的游戏信号相比，那真是小巫见大巫。黑猩猩有一种游戏的面部表情和游戏的哼哼声，这种哼哼声相当于我们的笑声。从演化起源上说，这两种信号与我们的笑声有同样的矛盾性。黑猩猩幼仔打招呼时嘴唇噘起来向前突出，突到极限为止；受惊时它的嘴唇向后收缩，嘴巴张开，牙齿露出。黑猩猩的游戏表情，是由友好和惧怕交织的感情引起的，所以它是两者的混合。此时它的腭骨前伸，这一点与它表示害怕的动作一样，但是它的嘴唇也随腭骨往前伸，遮盖着牙齿。它表明游戏的哼哼声介于打招呼的“咕咕”声和尖厉的惊叫声之间。如果游戏变得过分粗鲁，它的嘴唇就往后收，游戏的哼哼声就变为短促的尖叫声。如果游戏变得过分安静，它的腭骨就逐渐合拢，嘴唇就随着向前突出，变成典型的黑猩猩表示友好的噘嘴姿态。人和动物发出游戏信号的情景基本上是相同的，但是黑猩猩游戏的哼哼声和我们有力而强烈的哈哈大笑相比是微不足道的。黑猩猩发育的过程中，游戏信号的重要性大大下降。相反，我们的游戏信号大大拓展，并且在日常生活中取得越来越重要的地位。裸猿即使进入成年以后仍然喜欢游戏，游戏完全成了他探索天性的一部分。他常常把事情推向极端，试图使自己吃惊，使自己震惊，同时又不至于使自己受到伤害，接着他爆发出有感染力的哈哈大笑以表现自己的舒心。

在较大的儿童和成年人中，嘲笑当然可以成为社会生活中的有力武器。嘲笑对人的侮辱有双重意义。一方面它表示某人的稀奇古怪使人害怕；同时它又表示，此人不值得认真对付。专业喜剧演员故意承担嘲笑人的社会角色，而听众却将钱大把大把地送给他，为的就是将自己这一群人的正常行为与他表演的不正常行为进行比照。

少年对偶像的反应与此有关。他们作为听众表示愉悦的方式，不是放声大笑，而是尖声嘶叫。岂止如此，他们还高兴得揪自己的身子，或者揪住伙伴的身子。他们一高兴就扭动身子、发出呻吟、以手掩面、揪扯头发。这些动作是典型的剧痛和惧怕的征兆，但是它们被故意程式化以后却用来表示高兴，其分界线被人为地降低了。它们不再是求助的叫声，而是听众之间交流的信号，表明能对自己崇拜的性偶像作出强烈的反应。这种反应的感情非常狂热，正如一切使人难以抑制感情的强烈刺激一样，它们成了人在纯粹感到痛苦时所作出的那种反应。假如一位少女发现自己单独和她崇拜的偶像在一起，她绝不会想到要对他尖叫。她的尖叫声不是用在偶像身上的，而是向听众中的女孩子发出的。用这种方式，姑娘们可以使彼此放心，确认彼此发展中的情感回应。

在搁下眼泪和笑声这个主题之前，还有一个谜需要澄清。有些母亲在婴儿出生后的头 3 个月里，由于孩子哭个不停而非常痛苦。父母想尽各种办法似乎都不能阻挡汹涌而来的哭声。于是他们得出结论，孩子的身体有非常严重的不适，然后尝试相应的治疗。当然，他们认为孩子身体不适并没有错。但是，这恐怕是结果而不是原因。以下的事实提供了重要的线索：到三四个月时，像变魔术似的，孩子"痛苦"的哭叫声突然停止了。哭叫声消失的时间，正好与婴儿开始认出母亲的时间相吻合。如果把哭闹婴儿的母亲和安静婴儿的母亲的行为比较一下，就可以找到问题的答案。第一种母亲的行为带有试探性，带有紧张和焦虑的情绪，而后者的行为则是有意识的、平静的和安详的。关键之处在于，即使在这样幼小的年纪，孩子对于母亲的行为也非常敏感，他们能区分母亲搂抱时"安全""平安"的感觉和"不安全""惊惧"的感觉。激动不安的母亲无法避免把激动的信号传给新生的宝宝。孩子也以恰当的方式给母亲送回信号，要求母亲保护他不受激动不安的骚扰。这个信号加重了母亲的苦恼，反过来母亲的苦恼又使孩子哭闹得更加厉害。最后导致不幸的宝宝哭到不舒服为止，哭得发痛的身子又加重了他的不幸。要想打破这个恶性循环，母亲只需接受既成情况，并保持镇静。即使母亲无法使自己镇静（在这一点上要欺骗婴儿几乎是不可能的），问题也是自己可以解决的；正如我上文所说，婴儿到了三四个月，吵闹就突然停止了。因为到了这个阶段，母亲的形象在婴儿的脑子里留下了深深的印痕，他本能地把母亲当作"保护人"。母亲不再是一连串不具形体而激动不安的刺激，而是有一张熟悉面孔的实实在在的保护人。即使她继续发出使人激动不安的刺激，这些刺激也不会使孩子非常惊怕，因为他们的源头是熟悉的和蔼可亲的母亲。婴儿和母亲与日俱增的纽带使母亲保持平静，自然就减轻了母亲的焦虑。婴儿"痛苦的"哭叫遂告消失。

迄今为止，我略去了微笑的问题未加讨论，因为它和放声笑相比是一种更特化的反应。正如放声笑是哭叫派生的一种次要形式一样，微笑也是放声笑派生的一种次要形式。乍一看，微笑的确只不过像是大笑的一种强度较低的翻版，但实际情形却并非那么简单。不错，烈度最低的放声笑难以和微笑区别开来，无疑微笑正是这样来的。但显而易见，微笑在演化过程中被解放了出来，现在它必须被看作一种独立的实体。高强度的微笑——咧嘴笑，喜气洋洋的、笑逐颜开的笑——与低烈度的放声笑在功能上是完全不同的。微笑演变成了人类独特的专门用于打招呼的信号。如果我们对人微笑示意，他知道我们的态度友好。但是，倘若我们用哈哈笑作为见面礼，人家就有理由怀疑我们的善意。

任何社会接触即使在最好的情况下都能引起轻微的惧怕。在见面的一瞬间，对方的行为还是一个未知量。微笑和放声笑都表明惧怕是存在的，都表现出惧怕和吸引伙伴、接受对方的心情奇妙地掺和在一起了。但是，当放声笑发展为高强度的纵声大笑时，它发出的信号却是：准备应付进一步的"吃惊"，准备进一步探索危险与安全掺半的情景。相反，假若低强度的放声笑中的微笑表情变成了别的东西——咧嘴笑，它发出的信号又是另一种意义：情况不能向那个方向发展下去；它仅仅表明，初始的情绪本身就是目的，用不着进一步推敲。相视微笑使双方确信：虽然担心，但是相互之间却有吸引力。轻微的惧怕意味着没有攻击性，没有攻击性意味着友好。于是，微笑演变成了善意的吸引人的一种手段。

如果说我们需要微笑这种信号，为什么其他灵长类动物又可以不要这一信号呢？不错，灵长类动物确实有各种友好的姿势。但是，对我们而言，微笑是一种独有的信号，而且是日常生活中极其重要的信号，无论对婴儿或成人都很重要。在我们的生存模式中，是什么东西把它推到前台这样重要的位置呢？看起来，答案要在我们顶顶出名的裸露的皮肤中去找。小猴降生时，立即紧紧抓住母亲的皮毛。它就这样贴在母亲的毛皮上，一小时又一小时，一日复一日地待在那里。几个星期之中，甚至连续几个月，小猴从不离开母亲皮毛这个舒适的安乐窝。后来，小猴首次离开母亲去冒险时，仍然在受到警告时立即跳回母亲身边，抓住母亲不放。小猴自有它确定的办法去保证与母亲的亲密接触。即使母亲不欢迎这种身体接触（因为小猴越长越大，越来越重），她也难以拒绝小猴的要求。凡是领养过小猩猩的人都可以证明这一点。

当我们降生时，我们的处境要危险得多。不光是因为我们体力虚弱不能抓住母亲，而且母亲的身上也没有可以抓住的皮毛。我们丧失了一切保证与母亲密切接触的机械手段，因而不得不完全依靠向母亲发出的刺激信号。我们可以声嘶力竭地哭叫，以召唤母亲的照顾；一旦得到母亲的照顾，我们还得用其他办法来维持母亲的照顾。此刻我们需要的，就是替代抓住母亲的一种东西，一种使母亲的爱抚得到报偿的信号，使她想和我们待在一起。我们使用的信号就是微笑。

婴儿出生以后的头几周就开始微笑，但是开头的微笑并没有确定的目标。到第5周时，微笑变成对某些刺激的确定的反应。婴儿的眼光能固定在物体上了。起初，婴儿对眼睛的反应最为敏锐，就连纸板上画的两个黑点，他也能作出敏锐的反应。再过几周，还需要用嘴巴才能引起婴儿的注意。两个黑点之下再加一条横线表示嘴巴，能更为有效地引起婴儿的反应。不久，张开的嘴巴对引起注意最为重要。接着，眼睛作为主要的刺激就失去重要意义。在这个阶段，即在三四个月前后，婴儿的反应变得更加专一。他的反应从任何熟悉的面孔逐渐收缩到母亲的面孔上。母亲的印记开始发生。

婴儿的微笑反应在发展过程中有一种令人惊诧的现象：婴儿在这个过程中完全不能区别几何图形，比如四方形、三角形或其他线条分明的图形。看起来，婴儿在认识某些形体的能力方面有一种特别超前的成熟机制，但他只认识和人的面容相关的形体。相反，他的其他视觉能力却掉在后面。这就保证了婴儿的视觉能集中在合适的对象上发展。它能避免婴儿的视觉固着在与人的五官相近的无生命的形体上。

到7个月时，婴儿就彻底依恋母亲了。无论她做什么，母亲的形象总是维持不变，这个形象一直要维持到孩子生命的终点。小鸭完成这个依恋的关系是通过亦步亦趋地跟随母亲；猿猴幼仔完成这一过程是通过抓住母亲的皮毛；我们形成这个至为重要的依恋纽带，是借助微笑这一反应。

作为视觉刺激信号，微笑能够获得一种独特的外形，主要靠一个简单的动作，即嘴角的上扬。这时候嘴巴微张，嘴唇后收，与受惊时的动作颇为一致，但是微笑时还有另一个动作：嘴角微微上扬。有了这个动作，表情的性质就大大改变了。这一发展演化反过来又使另一种截然相反的面部表情成为可能，这就是嘴角下垂的表情。借助这种与微笑的嘴巴线条截然相反的曲线，就可以变成一种不自然"反笑"（anti-smile）。正如放声笑由哭叫演化而来，微笑从放声笑演化而来一样，这种不友好的面部表情也像钟摆的摇摆一样，是从友好的面部表情演变而来的。

然而，微笑的动作不限于嘴唇的曲线。我们成年人也许能在嘴唇的轻微动作之中传达自己的情绪，但是婴儿微笑时投入的动作远远不止这一点，他的动作就像打仗一样费劲。他微笑得最厉害的时候，还要蹬腿挥手，要伸手去抓外在的刺激物，要摇晃双手，要咿呀啊哇地发出欢快的叫声；同时他的头部后仰、下颌突出，身体向前倾，或向一旁扭曲，呼吸也随之加快。他的眼睛可能更加明亮，也可能略微眯缝起来。眼睛下沿和边缘出现皱纹，有时鼻梁上也露出皱纹。鼻翼两侧到嘴角两侧的皱褶更加显著。舌头可能伸出嘴巴。在伴随微笑的各种动作之中，身体的运动似乎表明，婴儿挣扎着要与母亲接触。婴儿笨拙的举动大概表明，我们灵长类祖先抱着母亲身体不放的反应仍然残存在我们身上。

我不厌其详地阐述了婴儿的微笑。但是，微笑当然是一种双向的信号。婴儿向母亲微笑时，母亲也报之以相同的信号。双方都给对方的微笑提供报偿，母子的纽带在双向交流中紧密起来。你可能觉得，这句话的道理一目了然。然而，这里面却可能掩盖着一个陷阱。有些母亲在激动、焦急、发火时，企图强装笑脸以掩盖自己的情绪。她们希望强装的笑脸能避免使婴儿不安。实际上，这一手法是弊多利少。上文已经提到，在母亲的情绪上，要想欺骗婴儿几乎是不可能的。在婴幼儿时期，我们对父母激动和平静的微小征兆似乎是极为敏感的。在前言语阶段，符号和文化交际的庞大机器还没有压在我们身上，我们依赖细小的动作、姿态的变化和声调的变化更甚于成年。别的动物尤其善于使用这些手段来交流。"聪明的汉斯"是一头闻名遐迩的会数数的马，事实上它的能力就建立在敏锐的反应力基础上，它能对训练人细微的体态变化做出反应。要它算数时，它能用蹄子敲地，到恰当的次数后停下来。即使训练人不在现场而由别人出题要它算数时，它同样能给出正确的答案，因为等它用蹄子敲到至关重要的那个数字时，在场的陌生人的身子不由自主地流露出了一点紧张的迹象。我们大家都有这种能力，即使进入成年以后也保存着这种能力（算命先生之所以算得正确，也是大大借重了这种能力）。但是，在前言语阶段的婴儿身上，这种能力似乎表现得特别活跃。假如母亲的动作紧张不安，无论她怎么掩饰，她总是免不了要将这些动作传达给自己的孩子。假如她同时装出一副喜气洋洋的笑脸，那还是骗不了孩子的，那只能把孩子搞得不知所措——两种矛盾冲突的信息传递给了孩子。如果长此以往发送互相冲突的信息，就可能给孩子造成终身的伤害，给他日后的社会交往和适应造成严重的困难。

搁下微笑这一主题以后，我们现在要转向一种迥然不同的活动。几个月以后，一种新的婴儿行为模式开始出现：攻击性开始登场。发脾气和哭闹从早些时候万用的哭叫中分离出来。婴儿发出的攻击性信号，是更为断续、更不规则的尖叫，是使劲用手抓、用腿蹬。他用手打小的东西，摇晃大的物件，吐唾沫，凡是够得着的东西他都想用嘴咬、用手抓、用手敲。开头这些活动带有随意性，彼此不协调。哭叫的反应表明，惧怕仍然存在。攻击性尚未成熟地变为纯粹的进攻，纯粹的进攻还得等很长一段时间——等到婴儿有了自信心，等他对自己身子的能力有了把握，才会到来。一旦进攻到来时，他也具有独特的面部表情信号。这些信号包括绷紧嘴唇的凝视，嘴唇噘紧成一条线，但嘴角往前送，而不是往后收。眼睛死死地盯着对方不动，眉毛拧紧往下压，拳头握紧。孩子开始表明自己的存在和个性了。

观察发现，增加孩子的密度会增加其攻击性。在拥挤的环境中，群体成员的友好社会交往减少，破坏性和攻击性模式在频率和烈度上都会显著上升。这一点至为重要。你也许记得，其他动物借助争斗来解决霸权争端，并借此增加同一物种的空间分布。我们在第五章里再回头谈这个问题。

除了保护、喂养、清洗孩子、与孩子游戏之外，父母的职责还包括最为重要的训练。正如其他动物一样，人类的训练也运用奖惩制度，通过逐渐修正和调整幼儿的试错学习过程来完成。然而除此之外，孩子还借助模仿而飞快地学习；这一学习机制在大多数哺乳类身上都发展得不大好，但是在我们身上，它的确发展到无与伦比的高度，发展到尽善尽美的地步。所以，其他动物必须靠个体自己非常吃力地学习的东西，我们却可以通过仿效父母迅速学到手。裸猿是一种有意识地向子女传授知识和技能的猿类。（我们对这种父传子受的学习方式已经习以为常，所以我们往往假定，其他动物也以同样的方法受惠，结果对传授在动物生活中的作用就作了过高的估计。）

我们成年以后的许多行为建立在童年时期靠模仿而吸收的东西之上。我们常常幻想，自己之所以按某种特定的方式行动，那是因为这样的行为与某种抽象而高尚的道德准则相吻合。然而事实上，我们的行为要服从根深蒂固的、早已"忘掉"的纯粹模仿所得来的印象。正是由于盲目服从这样的印象（再加上我们仔细掩盖的本能冲动），才使社会非常难以改变习俗和"信仰"。即使面对激动人心、光辉灿烂、合乎理性的新思想，而且是建立在纯正客观的智慧基础上的新思想，人们仍然顽固地坚守昔日固定居所的祖先所养成的习惯和偏见。如果我们要顺利度过少年时代这个极为重要的所谓"吸墨纸"阶段，要迅速吸收历代前人积累的经验，那么，我们就不得不背负陋习和偏见这个沉重的十字架。我们在接受富有价值的事实时，不得不同时接受传统的偏见。

所幸的是，我们开发出了一种疗效显著的"解毒药"来对付陋习和偏见的弱点，这一弱点是模仿性学习里的痼疾。我们富有经过磨砺过的好奇心以及经过强化的探索冲动。好奇心和探索冲动与陋习和偏见相抗衡，由此而产生的平衡具有创造奇迹的潜力。只有当一种文化因迷信模仿性重复而过分僵化，或者在探索中过分鲁莽轻率时，它才会跌跌撞撞地失去平衡。凡是在这两种冲动中求得完美平衡的文化，都会是繁荣昌盛的。当今世界上，我们能看见许多太僵硬或太鲁莽的文化作为例证。小型落后的社会、被沉重的禁忌和古风完全支配的社会，是太僵硬的文化例证。同样是这些社会，当它们被先进文化改变、接受先进文化的"援助"时，它们就迅速成为过分鲁莽的文化。猝然服用剂量过大的药物，过分迷恋社会新奇和探索激情，就会淹没祖传的模仿，就会使天平过分失去平衡。结果就造成文化动乱和文化瓦解。幸运的社会是逐渐求得完美平衡的社会；它必须求得模仿与好奇的平衡，求得盲目的、不动脑筋的抄袭和渐进的、合乎理性的实验之间的平衡。

第四章

探索与游戏

一切哺乳类都有强烈的探索冲动，不过对其中一些哺乳类来说，这一冲动尤为重要。探索对各种哺乳类的重要性，主要取决于它们在演化过程中所达到的特化程度。如果它们在演化中把全部力量用来完善一种特别专一的生存手段，它们就不必管纷繁复杂的周围世界。只要食蚁兽有蚂蚁、考拉熊有桉树，它们就会心满意足，它们的生活就容易维持。相反，那些非特化的哺乳类——它们是动物界的机会主义者——就不敢稍有懈怠了。它们从来不知道下一餐来自何方。它们必须熟悉能够寻觅到食物的每一个角落，尝试一切可能的机会，密切注意幸运的机会。它们必须探索，而且是不断地探索。它们必须调查，而且要不断重新检验自己的调查结果。它们必须随时保持高水准的好奇心。

探索不仅仅是为了解决吃的问题，自卫也提出同样的要求。刺猬、豪猪和臭鼬可以毫无顾忌地东闻西嗅、东跑西颠，弄出许多噪声，即使惊动天敌也不在乎。然而，没有武装的哺乳类却必须时刻警惕。它们必须洞察危险的迹象，熟悉逃跑的路线。如要维持生存，它们必须对自己的活动范围了如指掌。从以上的角度来看，不走特化的道路似乎是效果很差的办法。那为什么还会出现机会主义的动物呢？其答案是：特化的生活道路上有意想不到的严重困难。只要专门的生存手段行得通，一切就都会顺利。但是，一旦环境大变，特化的动物就会陷入困境。如果它在特化的道路上走极端，超过了它的竞争对手，它就不得不在基因的构成上发生重大的变化；而一旦陷入困境，它的基因构成就不可逆转了。如果桉树林被一扫而光，考拉熊就会灭绝。如果一种牙齿坚硬如铁的食肉动物能嚼碎刺猬身上的硬刺，刺猬就会成为容易猎杀的动物。对于机会主义的动物来说，生活也许永远是艰难的，可是对于环境导演的任何戏剧，它总是能很快适应。如果你拿走獴吃的老鼠，它就会改吃蛋和蜗牛。如果你剥夺猴子的水果和浆果，它还可以改吃根茎和嫩苗。

在所有的非特化动物中，大概猿类和猴类是最不择手段的。作为一个群体来看，它们的专长就是不走特化的路子。在猿类和猴类中，裸猿的不择手段是无与伦比的。这正是他幼态持续机制的另一个方面。一切幼猴都有强烈的好奇心，但是，在成年的过程中，它们好奇的强度逐渐减弱。但在我们的身上，幼年时期的好奇心反而逐渐增强，伴随我们进入成年。我们从不停止调查研究，我们在求知中永不满足于勉强度日。解决一个问题以后，我们又去解决新的问题，这已成为我们人类最了不起的生存要诀。

受新奇事物吸引的倾向被称为喜爱新鲜事物，它与害怕新鲜事物正好相对。凡是不熟悉的东西都有潜在的危险。对于不熟悉的东西大概应该回避吧？但是，如果回避，又何以了解不熟悉的东西呢？喜爱新鲜的冲动驱使我们前进，维持我们的兴趣，直到未知变成已知，直到烂熟于心的知识使我们对它产生轻视为止。在此期间，我们获取了宝贵的经验并将其储存起来，以备需用时提取。儿童自始至终都在重复这一过程。他追求新知的冲动非常大，以至于需要父母加以限制。然而，尽管父母可以引导孩子的好奇心，但他们无法压制孩子的好奇心。随着儿童年岁的增长，他们探索的倾向有了惊人的增强。我们常常听见成年人说"一帮年轻人像野马一样发狂"。然而，事实刚好相反。如果这些成年人费心去研究一下成年野生动物的行为，他们就会发现，所谓的"野马"正是他们自己。正是他们企图给人的探索画框框，正是他们背弃了人的探索精神，回到动物的保守习性中去寻求安逸。所幸的是，任何时候总有足够多的成年人保持了少年的创新力和好奇心，总能推动群体去前进和开拓。

看一看黑猩猩幼仔的游戏，立刻就会对其行为和儿童行为的相似性产生深刻的印象。小猩猩和儿童都迷恋新的"玩具"。他们都迫不及待地开始摆弄玩具，举起、放下、扭曲、敲打，并将其拆开。他们都自己发明简单的游戏。小猩猩游戏的强度与我们的游戏可以相比。它们在出生后的前几年和我们玩得一样好——事实上比我们玩得好，因为它们的肌肉系统发育得快些。但是，过了几年以后，它们就败下阵来。它们的大脑不够复杂，不能乘胜用好这个开端。它们的注意力不强，且不随身体的发育而增强。尤为重要的是，它们没有能力把自己发现的创新技巧详细地传递给父母。

阐明这一差别的最好办法是举一个具体的例子。绘画（或者叫图像探索）显然可作为一个例子。作为一种行为模式，千万年来，绘画对人类都极为重要。我们可以举阿尔太米拉和拉斯科山洞中的史前壁画作为证明。

只要给它机会和恰当的材料，小猩猩就和我们一样激动，它们也要探索在白纸上涂抹记号、构成视觉图像的可能性。兴趣的发端与一条原则有关系。这条原则是：以较少的精力获取较大效果的调查—报偿原则。我们可以看到，这条原则在各种游戏里都在发挥作用。游戏活动中可能投入了大量的精力；但是最令人满意的行动，还是那些获得出人意表的使信息反馈增值的行动。我们可以将其称为"增值报偿"的游戏原则。黑猩猩和儿童都喜欢敲打东西；他们最喜欢的是用力最小、响声最大的东西。轻轻一扔就跳很高的皮球、轻轻一摸就飞过屋子的气球、轻轻一捏就可能团弄成形的泥土、轻轻一推就容易滚动的带轮玩具——这些东西是最有吸引力的。

婴儿初次面对铅笔和白纸时并不认为自己会有多少出息。他至多能用铅笔在白纸上敲打。出乎他的意料，敲打发出的声音使人高兴。敲打的动作不只是发出声音，而且还产生了视觉效应。铅笔头在纸上画出了记号。他无意之中画了一道线。

儿童或黑猩猩首次发现图像的那一刹那是富有魅力的时刻。他们目不转睛地看着这一条线，对敲打所产生的意外的视觉收获产生了兴趣。他们端详一下，然后又再次进行试验。果然，第二次又成功了，接着的一次试验也成功了。不一会，纸上就画满了各种道道。随着时间的流逝，他们涂抹的时候就越来越卖劲。单一的试探性线条让位于多线条的来回往复的涂抹。如果有选择的余地，他们更喜欢蜡笔、粉笔和油画颜料，因为用它们随意涂抹时，能产生更为强烈的效应、更为醒目的视觉形象。

对涂抹感兴趣大约发端于1岁半左右，小猩猩和儿童都如此。但是，直到2岁以后，大胆、自信、多种多样的涂抹才会真正增加势头。到3岁时，一般孩子进入一个新的图像阶段：简化原来一塌糊涂的涂抹。在令人激动的胡乱涂抹中，他开始提炼出基本的图形。他开始尝试画十字叉、圆圈、正方形和三角形。蜿蜒曲折的线条在纸上游走，直至首尾相接而形成一个封闭的图形。于是线条就勾勒出了轮廓。

在随后的几个月中，这些图形相互结合，形成简单而抽象的模式。圆形被十字叉切割，正方形中画上了对角线。这是一个极为重要的时期，是首批绘画产生的前夜。在儿童身上，这个伟大突破到来的时间是 3 岁半或 4 岁初。然而，在黑猩猩身上，这种突破却永远不会出现。黑猩猩幼仔可以画扇形、十字叉和圆圈，甚至可以画出一个内有记号的圆圈，但是它再也不能前进一步。尤其诱人的是，内有记号的圆圈是儿童进入构图阶段的前夜。凑巧把几点几线画进圆圈，突然之间，仿佛变魔术似的，纸上就出现了一张人脸，它正看着画图的孩子呢。脑子里突然一亮，孩子认出纸上画的是一张脸。抽象试验、创造模式的阶段结束了。现在要达到新的目的：完美描绘的目标。新的面孔画出了，更逼真的面孔出现了，眼睛和嘴巴都找到了恰当的位置。接着又加上了细部——头发、耳朵、房子、动物、轮船、汽车。这样的水平小猩猩是永远不能达到的。小猩猩达到了自己的高度——一个圆圈，里面再涂抹上一些记号。此后，它的身体继续发育，但它涂鸦的本事却不会长进。也许将来有一天我们能找到一只天才的黑猩猩，但那样的可能性似乎不大。

对于儿童来说，一个新的图像探索的阶段展现在眼前。不过，虽然这是儿童发现新东西的重要领域，但是早些时候学到的抽象模式的影响依然存在，尤其是在 4 岁到 8 岁时，影响更为显著。在此期间，儿童的绘画特别令人瞩目，因为它们仍然建立在抽象图形阶段的坚实基础之上。此时，绘画的形象仍然处在区分很小的简单构图阶段。但是，它们与自信的、牢牢掌握了的图形—模式安排相结合，形成了富有感染力的图画。

从圆圈里面加点到准确的全身像这个过程，是饶有趣味的。发现圆圈里面加点可以代表面孔，并不能紧接着一个晚上就完善这一过程。显然，这成了主要目标，但它需要时间（实际上需要十多年）。首先，五官要画端正——两个圆圈代表眼睛、有力而平稳的一条横线代表嘴巴。两个点或正中的一个圆圈代表鼻子，外层的大圆边上要画上头发。到了这儿，可能会有短暂的踏步不前。面孔毕竟是母亲身体上最重要、最吸引人的部分，至少在视觉信号方面是这样的。但是，经过踏步以后，又可以取得一些进步。用一个简单的方法，把圆圈上的一些头发画长一点，小人人就长出了胳膊和腿脚，胳膊和腿脚又可以长出手指和脚趾。此刻的基本图形仍然是一个前图画的圆圈。它是儿童的老朋友，迟迟不愿离去。它从圆圈变成了一张面孔，接着又变成了面孔加身子。这个阶段的儿童似乎并不操心，为何小人人的胳膊好像是长在头上的。但是，这个小人人不会始终不变。正如细胞一样，它要发生分裂，在它的下面会长出第二个细胞。两条腿先后总要在两个圆圈构成的身体上相会，不过其交叉点一定在脚丫子之上。无论是在哪里交叉，小人人的身子都诞生了。但是无论是哪种方式，小人人的胳膊都干巴巴地高悬在头部两边。它们要在这儿高悬一段时间，然后才降下来放在更恰当的位置——从身子的顶部向两边伸展。

当这位探索发现的航海家不知疲倦地不断前进时，看看他逐渐地、一步一步地向前行驶的航程，真使人神往。他逐步尝试更多的图形，逐步试着把各种图形结合起来，逐步尝试更为多样的形象、更加复杂的颜色、更为多样的结构。终有一天，准确的表现会实现，外部世界的精致摹写会被捕捉住，并被保留在画纸上。然而到了这个阶段，初期涂抹活动的探索天性被淹没了，用图画交流思想的迫切需要占了上风。早期的图画，无论是儿童还是小猩猩画的，都与传递思想毫不相干。那是发现的行为、创造的行为，是试验图形变化的各种可能性的行为。那是"描绘动作",而不是传递信号。它不需要报偿——涂抹动作本身就是报偿,那是为游戏而游戏的行为。然而,正如许许多多的童年游戏一样,儿童的涂抹行为不久就融入了成年人的其他追求。社会交流一股脑儿接过它,绘画中的创新精神不复存在,"把画线当走路探索"的纯真的激情荡然无存。只有在心不在焉地胡乱涂抹时,大多数成人才允许这种探索精神再次出现。(这并不是说,成人已经失去了创新精神,我只是说,创新的天地转移到了更为繁复的技术领域。)

幸运的是,对于绘画和绘画的探索性艺术来说,再现环境影像的更有效的技术方法已经发展出来了。摄影及其派生技术已经使再现性的"信息绘画"(information painting)过时。这就打破了长期以来成人艺术的重负。绘画再一次成为可以探索的艺术,这一次的艺术以成熟的成人画的形式出现。毋庸赘言,这正是当今发生的事情。

我举这个探索行为的例子,是因为它非常明显地揭示了我们与近亲黑猩猩之间的差别。我们还可以在其他领域进行类似的比较,其中的一两种比较值得一提。两个物种身上都可以看到对声音世界的探索。我们在上文已经看到,由于某种原因,噪音的创新在黑猩猩身上根本就不存在,不过"敲击鼓乐"在它的生活中至关重要。小猩猩反反复复地敲打、跺脚、击掌,探索其发声的潜力。进入成年以后,它们这个趋向发展为持久的群体敲打期。一只又一只的黑猩猩跺脚、尖叫、撕碎树木、敲打树桩、敲打空心的木头。这样的群体表演可能进行半小时,甚至半小时以上。其功能究竟是什么尚不明白,但是它们显然可以使群体成员互相激励。在我们人类的生活中,鼓乐也是流行最广的音乐表现形式。和黑猩猩一样,儿童很早就试着敲打周围的物体，看看它们能发出什么声音。然而，成年黑猩猩只能敲出单调的咚咚声，而我们却使之成为节奏繁复的音乐，并通过音响和音高的变化使之更为洪亮。我们还能通过向空洞的物体中吹气来发声，能够借助刮擦和弹拨金属片来发声。黑猩猩的尖叫和吼叫，表现在我们身上就成了创造性的吟唱。在简单的社会群体中，我们推出复杂的音乐演奏会，这似乎与黑猩猩的敲打和吼叫发挥着类似的作用，也就是使群体成员相互激励。与绘画不同，音乐不是必须大规模详细传输信息的活动模式。有些文化用鼓声传递信息的做法是一种例外。但是，大体上说，音乐是用来激发公众情绪、协调公众步调的。音乐的创新和探索内容越来越浓烈，它摆脱了任何重要的"再现"职能，成了抽象的审美试验的主要领域。（由于绘画尚有其他优先的职能，所以它最近才在这方面赶上音乐。）

舞蹈与音乐和歌唱一样，经历了大体相同的发展过程。黑猩猩群体在敲打仪式中，加入了许多摇头晃脑、手舞足蹈的动作。我们人类在激发情绪的音乐演奏中，也伴以摇头晃脑等舞蹈动作。像音乐一样，这些舞蹈动作由此出发，日益精致和延伸，演化为富有审美价值的复杂的舞蹈。

与舞蹈紧密相关的是体操的发展。有节奏的身体动作在小猩猩和儿童的游戏中都是司空见惯的。这些动作很快就程式化了，但其既定的结构模式中又保存着强烈的变异成分。小猩猩的体力游戏不会发展成熟，反而会衰退消亡。相反，我们却充分探索其可能性，在成人生活中将其提炼成许多复杂的体操和运动。体操和运动同样是重要的群体协调手段，不过它们基本上是维持和拓展我们探索身体能力的媒介。

书写是绘画的衍生物，是语言化的声音交流物，发展成为我们传输和记载信息的主要媒介。但是，它们也被用作大规模审美探索的工具。我们祖先哼哼唧唧、咿咿哇哇的叫声演变为繁复精细的符号言语，这就使我们可以坐下来"玩味"自己的思想，摆弄我们（主要是用于传授知识的）词语系列，使之作为审美和探索的玩具。

由此可见，在绘画、雕塑、素描、音乐、歌唱、舞蹈、体操、游戏、运动、书写和言语等诸多领域中，我们都可以进行复杂而专门的探索和试验、尽情的探索和试验、终生的探索和试验。通过精心的训练，我们作为表演者和旁观者，就可以变得非常机敏；对于以上活动具有的巨大探索潜力，我们就能作出非常敏捷的反应。如果把这些活动的次要功能（挣钱、争取地位等）搁在一边，那么，从生物功能的角度来说，它们在成人生活中就成为幼儿型的游戏模式，亦可能成为依附于成人信息交流系统之上的"游戏规则"。

这些游戏规则可以表达如下：（1）研究不熟悉的东西使之变为熟悉；（2）将熟悉的东西作有规律的重复；（3）在重复的过程中尽可能做些变异；（4）选择最令人满意的变异进行发挥，对其他变异则弃之；（5）将令人满意的变异进行反反复复的组合；（6）以上各条均是为游戏而游戏，游戏本身就是目的。

这些原则适用于整个游戏阶梯，从一端向另一端，无论是幼儿玩沙还是作曲家作交响乐都适用。

第六条规则尤为重要。在基本的生存模式诸如饮食、争斗、求偶等模式中，探索行为固然也发挥作用，但是在这些活动中，探索行为局限于其初期阶段，而且只适合各种活动的特殊需要。对于许多动物来说，探索行为仅限于此。对它们来说，不存在为探索而探索这回事。然而，对于高级哺乳类来说，探索行为已经解放出来而成了一种独特而独立的驱动力，对于我们来说，探索行为已发展到无以复加的地步。其功能在于，对于周围世界以及我们的能力与周围世界的关系，它可以给我们提供尽量精细和复杂的认识。这种认识的高度发展，不是表现在基本生存目标的具体环境中，而是遍及一切环境中。我们用一种方式获取的东西，可以运用于任何地方、任何时候和任何环境。

我略去了科学技术的发展未予讨论，因为它主要关注的是谋求基本生存目标中所运用的具体的改良技法。基本的生存目标有争斗（因而要造武器）、饮食（故而需要农业）、安居（由此需要建筑术）和舒适（所以才需要医药）。然而有趣的是，随着时间的推移，技术发展越来越密切地互相扭结，纯粹的探索冲动也侵入了科学领域。科学研究这个名字就意味着游戏——我说的正是游戏。从词源上说 research（研究）这个词可以解析为 re-search（重新搜寻）。科学研究正是非常严格地遵循上文提及的游戏六原则的。在"纯粹"的研究中，科学家利用想象力的原则实际上与艺术家无异。他所议论的是完美的试验，而并非权宜的试验。与艺术家一样，他关注的也是为探索而探索。假如他研究的结果证明对实现某种生存目标有所助益，那当然是大有好处，不过这可是第二位的东西。

在一切探索行为中，无论是在艺术探索或科学探寻中，始终都存在着爱好新知的冲动和惧怕新知的冲动之间的拉锯战。爱好新知的冲动驱使我们去获取新的经验，促使我们去渴望新知。惧怕新知的冲动却使我们畏缩不前，使我们到熟悉的东西中去寻求逃避。我们在激动人心的新刺激和友好的旧刺激这两种相互冲突的吸引力之间，不断谋求处于变动中的平衡。如果失去热爱新知的冲动，我们就会停滞不前。如果失去惧怕新知的冲动，我们就会轻率地一头扎进灾难之中。这种冲动的拉锯战不仅可以用来解释较为明显的时尚风习的起伏波动，比如发型和时装、家具和汽车的变化；而且它还是我们一切文化进步的根基。我们既探索前进又裹足不前，既仔细研究又谋求稳定。一步一步地，我们拓展了对自己的了解和认识，拓宽了对我们置身其中的复杂环境的认识。

搁下探索这一主题之前，最后还有一个独特的侧面不能不谈。它与幼年时代一个关键的社交游戏相关。幼儿早期的社交游戏是针对父母的。但是，随着年岁的增长，幼儿的社交游戏逐渐转向同龄组的儿童。儿童成了少年"游戏群体"的成员。这是儿童成长中关键的一步。作为参与探索的一步，它对个体后来的生活有着深远的影响。当然，幼年期一切形式的探索都具有长远的影响，少年时期未曾探索音乐绘画的人，成年以后就觉得这些科目难学。但是，面对面的游戏接触比其他形式的探索，起着更为关键的作用。首次接触音乐的成年人，由于没有童年时期探索音乐的经验，可能会觉得音乐难学，但是要学会音乐并不是不可能的。相反，如果儿童被严格控制起来，不让他作为游戏群体的成员去接触社会，他成年以后在社会交往中就会遭遇障碍。用猴子做的试验表明，如果猴子幼年时期被隔离，它们成年以后就不愿参加社交活动，而且会成为反异性、反父母的猴子。隔离的小猴稍大以后放入一群同龄的小猴里去时，它们不愿意参加游戏群体的活动。虽然这些隔离的幼猴身体健康、发育正常，但是它们却没有能力参加群猴的打闹戏耍。相反，它们蜷缩在角落里，不会起身，常常用双臂抱着身子，或者用双手捂住眼睛。它们成年以后，可能身体健康，可是它们对性伙伴没有兴趣。如果强制让其交配，在隔离中长大的雌猴也能生育身体正常的小猴，但它们把小猴当成是附着在自己身上的庞大寄生虫，因而会攻击幼猴，把幼猴赶走，不是杀死自己的孩子，就是对其置之不顾。

用黑猩猩所做的类似的试验说明，黑猩猩这个物种，经过长期的康复和特殊照顾以后，可以在一定程度上弥补隔离对行为所造成的损害。尽管如此，隔离的危险是怎么估计也不过分的。拿我们人来说，受父母过度庇护的儿童在成年以后，总是在成人的社交接触中吃亏。对独生子女来说这一点关系尤为重大。由于没有同胞的兄弟姐妹，他们在幼年生活的初期总是处在不利的境地。如果他们不参加少年时期伙伴的打闹戏耍，没有这类社会化的经验，他们就可能始终怕见生人、离群索居，就会觉得难以寻求性伙伴，甚至觉得不能寻找配偶。即使结婚生子，他们也难以成为称职的父母。

由此看来，很明显，育儿的过程分为两个不同的阶段，即早期内向的阶段和后期外向的阶段。两个阶段都极为重要。从猴子成长的行为变化中，我们可以学到许多东西。在早期的内向阶段，幼猴受到母猴的爱抚、奖赏和保护，它学会了什么是安全。在后期的外向阶段中，母猴鼓励孩子向外发展，去与猴群中的其他小猴接触。它的爱抚行为有所减少，它对孩子的保护行为只限于严重恐慌和严重危险的时刻；只有当猴群受到外来危险的压迫时，它才保护小猴。实际上，没有严重恐慌时，如果小猴硬要缠着母亲，在它那长毛"围裙"中寻找保护，它反而会惩罚小猴。于是，小猴就认识到自己必须自立，所以它接受了自立的要求。

对于我们的孩子来说，情况基本相同。如果在育儿的两个阶段中的任何一个阶段里，父母处理育儿的行为有不妥之处，那么孩子长大以后就会在生活中遭受严重困难。如果儿童缺失了早期的安全阶段，但是进入自立阶段以后却相当活跃，那么他就觉得接触陌生人并不困难，可是他无法长期维持与伙伴的关系，也无法进行真正深入的接触。如果儿童在早期的内向阶段享受到非常安稳的生活，可是在后期的外向阶段却受到过分的保护，他在成年以后会发现与他人接触非常困难，他就会拼命与原来熟悉的人厮守。

如果看一看离群索居的极端例子，就可以发现反对探索行为的最极端、最典型的形式。性格很孤僻的人在社交时可能很不活跃，但是他们远非是不喜欢动的人。他们专注于重复习惯性动作。他们可能一小时又一小时地摇摇摆摆、点头晃脑、捻转东西、肌肉痉挛、反复用手抓身子，等等。他们可能舔舐手指头和身子的其他部分，用手戳自己、掐自己，反复做一些奇怪的面部表情，有节奏地敲打和翻卷东西。偶尔，我们人人都会表现出这一类"痉挛"的动作。然而对于他们来说，痉挛动作成了主要而持久的身体表现形式。他们觉得环境构成了很大的威胁，觉得社会接触非常可怕，觉得交朋友断然不可能，所以才再三重复自己非常熟悉的行为，借以寻求舒适和安稳。有节奏地重复一种动作能使人觉得，它常见和"安全"。性情孤僻者坚守他最熟悉的少数几个动作而不是参与各种各样的性质互异的活动，对他来说，"不冒险，无收获"的谚语改成了"不冒险，无所失"。

我已经提及心律使人舒适的递归性特征。这一点对离群索居者的行为也适用。他们的许多行为模式似乎也按心跳的速度进行。即使那些与心跳速度不同的动作也有安抚的功能，因为经过经常不断的重复以后，它们已变成极为熟悉的动作。有人注意到，社会交往能力迟滞的人被送进一间陌生的屋子时，其习惯性动作就会增加。这一点与我们上述的观点相吻合。环境越陌生，惧怕新奇的程度越高，对安抚情绪、抵消惧怕的手段的要求也越高。

这种积习越是重复，就越像人为制造的母亲的心跳，其"友好"的程度就越来越高，直至它变得完全不可逆转。即使造成积习的、极端害怕新知的情绪被消除（事实上这种心理是很难根除的），积习依然会阵性发作。

我已说过，对社交活动很善于适应的人，有时也表现出"痉挛"的动作。"痉挛"动作常在紧张时发生，在这里，它们也具有安抚的作用。我们熟悉各种紧张的迹象。行政官员等待重要电话时会敲打办公桌，妇女在候诊室等候时会将手指头扣紧手提袋又放松，难为情的孩子身体会不停地左右直晃，产房外期待做爸爸的男子会来回踱步，考场上的学生会咬铅笔，焦灼的军官会抚弄唇须。如果适中而有节制，这些细小的对抗探索的手段是颇为有效的。它们有助于我们忍受期待中的"过量的新奇"。然而，如果滥用这些手段，难以逆转和成癖上瘾的危险随时都存在；即使在不需的时候，它们也会顽强地表现出来。

在极端乏味无聊的情况下也会出现上述的积习。这种情况在我们身上和圈养动物的身上，都可以看得非常清楚。只要有机会，这些关在笼中的动物都愿意进入社会接触，可是它们身不由己，受到了人为的阻挡。在性情孤僻的人身上情况基本相同。动物园环境的局限阻挡了动物的社会接触，迫使它们陷入一种与社会隔绝的处境。动物笼子的铁条是实在的物理障碍，相当于离群索居者面对的心理障碍。这种障碍构成了对抗探索的手段，使笼中的动物没有任何东西探索，所以它们就只能以唯一的方式表现自己，即有节奏的千篇一律的动作。我们大家对笼中动物来回踱步的动作非常熟悉，但是这仅仅是由此产生的许多奇怪行为模式中的一种而已。程式化的手淫可能发生，但不一定有直接摆弄外生殖器的动作，动物（一般是猴子）仅仅是将胳膊和手来回虚晃，并不触摸生殖器。有些雌猴反复吸吮自己的乳头。小猴反复吸吮爪子。黑猩猩可能会用草戳进（原来并无疾患的）耳朵。大象连续数小时不停地点头。有些动物反复咬自己，拔自己的毛发。严重的自我毁伤也会发生。以上各种反应中，有些是在紧张的环境中发出的，然而许多反应纯粹是穷极无聊时作出的反应。环境千篇一律没有变化时，探索的冲动就停滞不动。

光是看一只隔离的动物重复一种千篇一律的动作，是不可能准确判断其原因的。既可能是因为无聊，也可能是因为紧张。如果是紧张，那可能是由周围环境引起的，也可能是由非正常喂养而形成的长期的行为表现。几种简单的试验就能给我们提供答案。把一件陌生的东西放进笼子，如果动物千篇一律的动作消失，探索行为开始，那么千篇一律的动作显然是无聊引起的。但是，如果这种动作有增无减，那就是由紧张情绪引起的。如果把几只同类动物放进笼里，制造出一个正常的社会环境，而千篇一律的动作依然如故；那么差不多可以肯定地说，那一只动物是在不正常的隔离状态下度过童年的。

以上所述笼中动物所表现出来的各种特征，在我们人类身上全都可以看到（大概是因为我们设计的动物园太像我们居住的城市吧）。这是我们的教训，它提醒我们，在热爱新知和惧怕新知之间谋求良好的平衡具有何等重要的意义。如果不能求得这种平衡，我们就不能正常地运转。尽管我们的神经系统会以最大的潜力帮助我们，然而，其结果总是对我们人类的行为潜力的拙劣模仿而已。

第五章

争斗：地位与领地

如果要了解我们攻击性冲动的本质，就必须将其放入我们的动物源头里去考察。当前，人类沉迷于生产大规模杀伤性武器，所以我们在讨论这一问题时，容易失去客观性。事实上，说到有必要压制攻击行为时，连最冷静的知识分子也常常具有猛烈的攻击性。这并不奇怪。说温和一点，我们也处在混乱之中，到本世纪末，我们很有可能已经自我毁灭。唯一使人欣慰的是，作为一个物种，我们已经度过一段激动人心的时光。就物种的生命而言，这段时光不算长，可它真可以叫作多事之秋。但是，在检查我们攻防技术之中的奇技淫巧之前，必须首先看一看，没有长矛、枪炮和炸弹的动物世界中，暴力的基本性质是什么。

　　动物之所以争斗有两条非常正当的理由：或是为了建立自己在社会等级系统中的支配地位，或是为了建立自己在一块地方的领地权。有些物种只要求建立等级系统，却没有固定的领地。有些物种只有领地要求，却没有等级的问题。还有一些物种两者皆有，它们在领地内建立等级系统，必然要以两种攻击形式进行激烈的竞争。我们属于最后一群物种：两种形式的攻击性我们都有。作为灵长类动物，我们已经背负着等级系统的包袱。这是灵长类动物的基本生活方式。一个群体四处漂泊，很难得在任何地方长期逗留以建立领地。偶尔，群体内部也可能出现争斗，但是在猴类的生活中，争斗行为缺乏组织、偶发骤停、意义不大。"啄击顺序"（这一术语在研讨鸡群的攻击行为中兴起，故名）却正好相反，它在灵长类动物的日常生活中——每一分钟的生活中，都起着极大的作用。大多数猴类和猿类都建立了非常僵化的社会等级系统，群体中总有一只占据支配地位的雄性动物，其余个体都不同程度地臣服于它。当它年迈力衰不能维持霸主地位时，就会被另一只比较年轻力壮的雄性推翻，新手就成了群体的首领。（有的时候，篡位者长出了首领的"斗篷"——一身长毛。）群体维系在一起的时候，首领的暴君角色随时随地都在起作用。尽管如此，它总是毛色最好、梳理最俊、性欲最旺的个体。

并非一切灵长类动物的社会组织都充满暴力的独裁气氛。差不多每一种组织里都有一位君主，但是有的君主是仁慈宽厚的君主，比如大猩猩的君主就是这样的。它让手下的雄性与它共享雌性，进食时它也慷慨大方。只有突然冒出什么不能分享的食物时，只有出现叛乱的迹象时，只有它麾下的猩猩不守规矩发生争斗时，它才显示君主的权威。

裸猿变成合作的狩猎猿、有了固定的居所时，他那灵长类动物的基本行为系统必须改变。正如他的性行为一样，他那灵长类动物典型的等级系统也要加以改变，以适应他新近担任的食肉动物角色。他的群体必然成为有领地行为的动物。他必然要保卫自己固定的居所。由于狩猎生活是合作性质的活动，他保卫居所的领地行为必然是群体的行为，而不是个体的行为。灵长类动物群体内部通常具有暴君色彩的等级体系，狩猎猿必须大大加以改变，方能保证弱小成员在出猎时的充分合作。然而，等级体系又不能被完全废除。如果要坚决执行首领的决策的话，那就必须保存一个温和的等级体系，其中必须有一些较强的个体，一位最高的首领——即使这位首领不得不比全身长毛的树栖猿首领更注意考虑下属的感情。

除了保卫领地的群体行为和等级组织以外，孩子对父母的长期依赖又迫使我们采用固定配偶的家庭单位，另一种自作主张的形式应运而生。作为一家之长，每一位男性在群体定居的地方还得保卫他自己家庭的住地。由此可见，我们有三种基本的攻击形式，而不是灵长类动物通常所有的一两种形式。我们吃尽苦头、蒙受损失以后方才知道，虽说我们的社会非常繁杂，这三种形式的攻击行为依然随处可见。

攻击行为如何进行？其所涉及的行为模式究竟怎样？我们如何互相恐吓？对此我们仍必须靠观察别的动物去寻找答案。哺乳动物的攻击行为激起后，身体内部发生了许多生理变化。整个机体由于自主神经系统的兴奋而加速运转，准备行动：自主神经系统又包括两种互相对立、互相制约的子系统，由交感神经和副交感神经组成。交感神经系统使机体做好准备进行剧烈活动。副交感神经系统的官能是保存和恢复身体的储备。前一种神经系统说："你被迫行动，快动手吧。"后一种神经系统说："别着急，放松些，保存些力气。"在一般情况下，身体同时倾听这两种声音，在两者之间保持完美的平衡。但是，每当身体激动时，它就只听交感神经系统的指令。交感神经系统受到刺激以后，大量肾上腺素注入血液使整个血液循环系统受到深刻的影响。血液从皮肤和内脏流入肌肉和大脑。血压上升。红细胞的生产大大加速。血液凝固所需的时间有所减少。此外，消化和储存食物的过程暂时休止。唾液分泌受限。胃的运动、胃液分泌、肠的蠕动都受到抑制。而且，直肠和膀胱不像平常那样容易排便。体内储存的碳水化合物迅速从肝脏中流出，使血液里的葡萄糖急剧增加。呼吸活动大大加强，呼吸次数增加、强度加大。调节体温的机制也被激活起来。汗毛直立，大汗淋漓。

所有这些变化都有助于动物准备战斗。仿佛具有魔法似的，它们能在顷刻之间消除疲劳，调动大量的能量，准备进行预期之中的生存斗争。血液被有力地泵入最急需的地方即大脑和肌肉，以适应敏捷的思维和剧烈的运动。血糖升高增加了肌肉的工作效率。血液凝固过程的加快说明：任何外伤性出血都能更快凝固，由此而减少血液损失。脾脏释放红细胞的速度加快，再加上血液循环速度加快，这有助于呼吸系统代谢功能的提高——吸收氧气，排出二氧化碳。毛发直立使皮肤裸露在空气之中，有助于身体散热，汗腺排出大量汗液亦有助于散热，因此就减少了因活动过度而遭到身体过热的危险。

身体的一切重要系统都激活起来以后，动物就做好了攻击的准备。但有一个意想不到的障碍。你死我活的拼斗既可能获得宝贵的胜利，也可能使胜利者遭受致命的创伤。攻击性既使动物进攻又使其害怕。攻击驱使动物冲杀，惧怕又阻遏它前进，其体内就产生剧烈的冲突。典型的行为模式是，准备好进攻的动物不会一头扎进去全力进攻。一开始它只发出进攻的威胁。体内的冲突阻遏住它的手脚，它固然已经紧张起来准备战斗，可它尚未做好立即发起攻击的准备。在此情况下，如果它发出的恫吓足以镇住敌手，使其溜走，那显然是更可取的。这样赢得的胜利可以避免流血。如此解决内部分歧不会给群体成员造成过度的损害；显而易见，物种在此过程中受益良多。

在一切高等动物的生活中，都有这种强烈的仪式化战斗倾向。威胁和反威胁在极大程度上取代了实际的战斗，拼死的斗争当然仍时有发生，但那只是最后的一手。只有攻击信号和反攻击信号未能解决争端，才会诉诸最后的手段。以上所述生理变化的外表征兆，有力地向对手表明该动物准备发起攻击的强度。

从行为上说，这一机制运转极好。但是从生理上说，它造成了一个问题。机体本已做好大量准备，然而预期的努力并未成为事实。自主的神经系统如何对付这一情况？它已命令一切部队开赴前线、严阵以待，但是部队的存在本身已使战争获胜。那又会出现什么情况呢？

如果紧随交感神经系统总动员以后自然而然地发生肉体搏斗，它所调动的一切身体准备就被充分利用起来。能量就被消耗，最后导致副交感神经系统再次突出自身作用，身体又逐渐取得生理上的平静。但是，在攻击和惧怕两种心态激烈冲突的情况下，各种生理活动都悬而未决。结果，副交感神经系统就发动猛烈的反攻，自主神经系统的摆锤就剧烈摇晃。威胁和反威胁的时刻交替出现时，我们看见副交感神经系统的活动与交感神经系统的表征交错发生。口渴以后接着是大量分泌唾液。肠道收缩突然崩溃，粪便突然排出。紧紧关闭在膀胱中的尿液像洪水一样宣泄出来。流向皮肤的血液又大量流回内脏，高度充血发红的皮肤变得苍白。又快又深的呼吸戏剧性地中断，变成大口的喘息。所有这些表征，都说明副交感神经系统在拼命努力，以抗衡交感神经系统的过度兴奋。正常情况下，一个方向的激烈反应不可能与另一方向的激烈反应同时发生。但是，在威胁过大的极端情况之下，一切都短暂地失去了平衡。（这可以说明，为何在极端受惊的情况下，人会昏厥过去。在此情况下，流向大脑的血液又急剧流出大脑，人于是就突然失去知觉。）

就威胁这一信号系统而言，这一生理激荡是自然的赠品。它提供更为丰富的信号源泉。在演化过程中，这些情绪表征通过许多方式分化得越来越精细。大小便成为许多哺乳动物标示领地的气味手段。最常见的例子是家犬抬腿撒尿划出领地的行为；在互相威胁时，家犬这一活动更为频繁。（我们的城市街道对家犬这一行为构成了过分的刺激，因为它们使许多冤家对头的领地犬牙交错。于是每只狗都不得不强使自己的气味过度，借以和其他狗竞争。）有些动物演化出了排粪过度的技巧。河马的尾巴异常扁平。在排粪的过程中，其尾巴迅速摆动。结果扇状的尾巴把粪便抛得很远，散布到宽广的地区。许多物种长出了专门的肛门腺，其分泌物使粪便带上它个体的气味。

血液循环系统的动荡造成皮肤苍白或涨红的极端变化，这种变化使许多动物的面部和一些动物的臀部形成裸露的斑块，斑块成为独特的信号。呼吸紊乱而出现的张口动作和呼哧声，精细发展而成咕哝声和咆哮声以及其他许多表示攻击行为的声音。有人认为，这能说明整个发声信号所构成的交际系统是如何起源的。许多动物在遭到威胁时，身体能鼓气，可能会将专门的气囊或气袋鼓起。（鸟类中尤其常见这一现象，鸟类具有若干气囊，这是它们呼吸系统的基本部分。）

毛发直立的攻击行为演化出专门的冠毛、颈毛、鬃毛和边毛。这些翎毛、长毛和其他一些毛发区域变得高度引人注目。它们的毛羽变长变硬。这些皮肤的颜色经过急剧的改变，与周围的皮毛形成强烈的对比。动物激动表现出攻击性时，其毛羽直立，使它看上去突然更大更可怕；它炫耀威力的斑块更大更耀眼。

攻击性的出汗反应变成气味信号的另一源头。在许多情况下，也出现了利用这一可能性的演化趋势。有些汗腺大大膨胀，成为复杂的嗅味腺体。许多动物的面部、脚部、尾部和其他部分，能发现这样的嗅味腺体。

所有这些改进都丰富了动物的通讯系统，使它表现情绪的语言更为细腻，具有更丰富的信息。它们使动物激动时的威胁行为具有更为精确的"可读性"。

然而，这仅仅是问题的一半。以上所考察的仅仅是自主神经系统的信号。除此之外，还有一整套信号可供利用。这一套信号的源头，是动物发出恫吓时紧张的肌肉运动和体态。自主神经系统的指令是调动身体，准备肌肉运动。但是肌肉接受指令后又干什么呢？肌肉准备好发起突击，而突击并未发生时，结局是一系列进攻意图的动作，互相矛盾、互相冲突的姿势。攻击和逃亡的冲动把身体向不同的方向牵拉，使动物猛冲向前、猝然后退、腾跃躲闪、匍匐在地、突然前扑、逼近对手、遽然退避。进攻的冲动才占了上风，逃亡的冲动就取消了进攻的命令。每一步退却的举动都受到进攻举动的抑制。在演化的过程中，这种一般的激动行为变成了专门的威胁恫吓的姿态。这些意向动作被程式化了，急促变化的矛盾动作经过形式化而变为有节律的扭动和颤抖。一整套全新的攻击性信号发展并完善起来了。

于是，我们就在许多动物身上看到繁缛的威胁仪式和格斗的"舞蹈"。较量的动物趾高气扬，以典型的动作互相围绕着兜圈子，其身体紧张强直。它们可能弯腰、点头、战栗、有节奏地摇晃，反复作短距离的程式化奔跑。它们以爪子刨地、弓起腰身、低下头部。所有这些意向动作都是重要的通讯信号，它们与自主神经系统发出的信号有效地结合起来，构成了一幅精细的图像，展现冲动的强度——它们准确地标明了攻击冲动与逃亡冲动的平衡。

然而，问题不会到此为止。还有一种独特信号的重要源泉，来自另一种范畴的行为，名曰移置活动（displacement activity）。剧烈内部冲突的副作用之一是，动物有时表现出稀奇古怪、看似无关的行为片断。仿佛紧张的动物不能做它很想做的进攻或逃亡的行为，而找到了另外一种完全无关的活动来宣泄积存的能量。逃亡的冲动阻遏了进攻的冲动，进攻的冲动又反过来阻遏了逃亡的冲动，所以它另谋渠道发泄感情。相互威胁的冤家对头可能突然莫名其妙、趾高气扬地做进食的动作，但既未做完又突然停止，接着又立即恢复完全威胁的姿态。它们也可能抓挠身子、清理皮毛，其间又随时恢复典型的威胁手法。有些动物做替代性筑巢动作，抬起附近的筑巢材料，将其投入假想的窝里。还有一些动物喜爱"打盹儿"（短暂垂头做睡觉状）、打呵欠、伸懒腰等。

围绕这些移置活动一直存在着激烈的争论。有人认为，移置活动与攻击性有关的说法是没有客观理由的。如果动物进食，那它一定是饿了；如果它抓挠身子，那它一定是在发痒。他们强调指出，要证明做移置活动威胁对手的动物并不饥饿是不可能的，要证明它抓挠身子时并不发痒也是不可能的。但是，这是一种不切实际的批评。凡是实际观察研究过许多动物的攻击行为的人都知道，这种批评显然是荒谬的。在动物对峙中紧张而富有戏剧性的时刻，较量者会突然停下来（哪怕是一刹那吧）为进食而进食，为挠痒而挠痒，为打盹儿而打盹儿，这一说法显然是荒谬绝伦的。

尽管对移置活动产生的演化原因尚有学术争论，有一点却是明确的：从功能的观点看，移置活动为宝贵的威胁信号提供了又一个源泉，许多动物扩大了移置活动，使它们变得越来越引人注目，越来越具有炫耀的色彩。

由此可见，自主神经系统的信号、意向性动作、自相矛盾的体态和移置活动等行为都变成了繁缛的仪式，它们合在一起给动物提供了一大套威胁信号。在大多数冲突的场合，它们足以解决对手之间的矛盾，使动物不至于动武。但是，如果这一个信号系统未能奏效——比如在极端拥挤的情况下就是这样，那么紧接着就要发生真正的斗殴。威胁信号就让位于体力斗殴的蛮力。于是，牙齿就用来咬、切、刺杀，头部和犄角就用来顶撞、冲刺，身子就用来撞、闯、推，腿脚就用来蹬、踢、扫，手就用来抓、扯、撕，有时还用尾巴来抽打和猛扫。尽管如此，一位对手杀死另一位对手的情况还是极为罕见的。动物演化出了专门对付猎物的猎杀技巧，它们很少用这些技巧来与同类争斗。（对这个问题的猜测有时会错得离谱，对攻击猎物的行为和攻击同类对手的活动之间的关系产生了错误的臆想。其实这两种行为在动机和表现上都大不相同。）一旦同类中的敌手被制服，它就不再构成威胁，就可以不再理睬它。继续在它的身上耗费精力就失去意义了。这时候就可以让它溜走而不再伤害或胁迫它。

我们可以将上述各种挑战活动与我们人类联系起来考虑，此前，动物攻击行为里还有一个方面要加以研讨。这个方面与战败者的行为相关。当战败者的地位保不住时，显然走为上策。但它并非总是有逃走的可能。它逃跑的路上也许有自然障碍。如果它置身密集的社会群体之中，它可能不得不留在战胜者的地盘之内。在这两种情况下，它都必须向强手发出信号，表明它不再构成威胁，表明它无心再斗。如果它遭到重创、精疲力竭，停止较量，这就清楚地表明它宣告失败，占上风的动物就会离它而去，不再骚扰它。不过，如果它不等自己的地位恶化到这种极端不幸的境地就表明它俯首称臣，它就可以避免更为严厉的惩罚。借助一些典型的臣服表现，就可以达到这一目的。这些认输称臣的表现可以使攻击者息怒，使其攻击性迅速缓解下来，从而加速解决争端。

　　俯首称臣的信号表现在几个方面。基本模式有两种，一种是"关闭"激起攻击行为的信号，另一种是"开启"明白无误的非攻击性信号。第一种信号只能使占上风的动物冷静下来，后一种信号能积极改变攻击者的情绪，因而有助于使战胜者息怒。最简单的臣服形式是一动不动。因为攻击性表现为剧烈的运动，静止不动的体态自然就表示无攻击性。静姿常常与蹲姿和畏缩相结合。攻击性使身体膨胀到极限，蹲姿反过来使身体缩小，故能使对方息怒。避开与攻击者正面相对也有助于说明认输，因为它与正面进攻的姿态相反。还有一些与威胁相对的行为也用上了。如果一种动物以埋头为威胁的动作，那么抬头就成为宝贵的息事宁人的姿态。如果攻击者毛发耸立，那么收紧毛发就能用作臣服的手段。在有些少见的情况下，战败者把自己脆弱的部分朝向攻击者，以此承认自己的失败。比如黑猩猩会伸出一只手作为臣服的姿势，使它的手容易被对方咬伤。但发动进攻的黑猩猩绝不会咬战败者伸出的手，所以这一乞降的姿势可以使强手息怒。

　　第二种息事宁人的信号的功能，是诱发攻击者的另一种动机。臣服者发出的信号刺激强者，使它作出无攻击性的反应。由于这一反应在攻击者心中泛起，它的争斗冲动就被压制了。臣服者以三种主要的方法来息事宁人。一种特别有效的办法，是采用幼仔乞食的姿势。弱者蹲着身子，作幼仔乞食状，这是典型的向强者认输的姿势。雌性受雄性攻击时尤其喜欢用这一姿势。这一办法非常有效，以至于会使雄性吐出一些食物给雌性吃。雌性遂吞下嗟来之食，以此完成用乞食姿势乞降的仪式。于是，雄性完全被父性的、保护性的情绪所支配，它的攻击性烟消云散，这一对冤家又冷静下来重归于好。这一仪式正是许多动物求偶中乞食模式的基础。鸟类的求爱仪式尤其如此，在配偶形成的早期阶段，雄鸟很富于攻击性，另一种诱发攻击者新动机的活动，是弱者采用雌性动物的交配姿态。无论弱者是何性别，无论它是否处在发情期，它都可能突然做出用臀部朝向强者的姿态。当它朝向攻击者展示臀部时，就激起了强者的性反应，从而给强者的攻击性降温。在此情况下，称霸者无论雌雄都会踩在弱者背上，佯装与弱者交配的动作，不论臣服者是雌是雄。使强者产生另一种动机的第三种形式，是诱发它给弱者梳理毛发或让弱者替它梳理毛发的情绪。动物界的生活中，社群成员互相梳理毛发的活动大量存在。这一动作与社群生活中安静、太平的时刻紧紧地联系在一起。弱者可能会请战胜者替它梳理，也可能发出信号，请求胜利者允许它替其梳理毛发。猴类就使用这一手段。这一请求带着独特的面部表情，包括快速咂嘴。这一表情是将通常梳理毛发的动作略加变换的仪式化翻版。一只猴子替另一只猴子梳理毛发时，它反复不断地把皮屑和其他碎屑丢进嘴里，同时把嘴巴咂得啪啪响。弱者夸张咂嘴的动作，加快其频率，表示乐意尽职，它常常借此抑制住攻击者的攻击性，使其放松下来并允许它代为梳理毛发。过不了一会儿，称雄的猴子就让梳理毛发的动作给安抚住了，弱小的猴子就趁机安然无恙地悄悄溜走。以上这些是动物处理攻击行为的仪式和手段。起初，所谓"爪牙见血的本性"指的是食肉动物残暴的猎杀活动，但后来它被用来泛指整个动物界的争斗行为。这实在是大错特错。任何一个物种要生存就绝不能同类相残。物种内部的攻击行为必须要受到阻抑和控制。物种的猎杀武器越强大越凶猛，防止使用它们来解决物种内部争端的阻抑机制就越要强大。就领地和等级系统的争论而言，这正是所谓"丛林法则"。凡是未能遵守这一法则的物种都早已灭绝了。

我们人类在多大程度上符合上述情形？我们独特的威胁信号和安抚信号是一套什么东西？我们的争斗方法有哪些？我们如何控制这些争斗的方法？

因攻击性而唤起的冲动在我们体内产生的生理骚动、肌肉紧张和激动情绪，与前述动物的一般生理变化完全相同。和其他动物一样，我们也表现出种种移置活动。在有些方面，我们不如其他动物的装备齐全，它们把基本的移置活动发展成为强有力的信号。比如说吧，我们就不能靠毛发直立来恫吓对手。在震惊的时刻，我们的毛发还能直立（所谓"头发都竖起来了"），但是作为向对手发出的恫吓信号，它却无济于事。在别的方面我们胜过其他动物。我们裸露的皮肤，虽然使我们不能有效地做到毛发直立，却使我们有幸发送强有力的涨红和苍白两种信号。我们可以"气得脸色铁青""气得涨红脸""吓得脸色苍白"。在这些词语里，我们要注意的是"白色"这个字眼。它意味着活动。它与指示攻击的行动结合在一起时，会成为非常危险的信号。它与指示惧怕的行动结合在一起时，又成为恐怖的信号。你也许还能记起，它是由交感神经系统兴奋引起的。交感神经系统也就是发出"快动手"指令的系统。对这一系统，切不可等闲视之。相反，皮肤涨红则不用过虑，因为它是由副交感神经系统拼命抗衡交感神经系统的兴奋引起的，何况它说明，发出"动手"指令的交感神经系统已经被釜底抽薪了。怒气冲冲、脸色涨红的对手，和面色苍白、嘴唇绷紧的对手相比，他向你发动攻击的可能性要小得多。面红筋涨的对手处在激烈的自我冲突之中，他的冲动受到封闭，他的情绪受到抑制，然而，面色苍白者还在准备进攻。两种人都不可等闲视之，但面色苍白者更有可能会跳起来发动进攻，除非他当即受到安抚而怒气消解，或者他受到的反威胁更加厉害。

在类似的情绪中，急促的呼吸是危险的信号。但是，等到它变为不规则的哼哼、咯咯声时，其威胁已经缓解。初始攻击时的嘴巴干燥和攻击强烈受阻时而引起的唾液分泌之间，存在着类似的关系。极端紧张的时刻伴随着强烈的震撼，随之而来的常常是大小便失禁和昏厥。

当攻击和逃亡这两种冲动同时被强烈激发起来以后，我们表现出若干典型的意向性动作和自相矛盾的姿态。其中最熟悉的是举起握紧的拳头，这一姿势已在两个方面被仪式化了。做这一动作时离对手尚有不少距离，这个距离太远，拳头不可能变成真正的一击。因此，其功能不再是实在的体力相拼，而是视觉信号。再加上前臂的前后劈砍动作，它又进一步仪式化了。如此摇晃拳头的动作，同样是一种视觉信号。我们有节奏地反复用拳头"挥打"，可是我们仍处在打不着对手的安全距离之外。

挥拳威胁对手时，整个身子可能做一些短暂的向前逼近的意向性动作，这些动作常常不断地自我约束，并不会走得太远。脚可能用力跺得很响，拳头可能猛砸在顺手的物件上。最后这一动作在其他动物身上也常见，它常常被称为改变方向前的活动。情况是这样的：因为激起进攻行为的对象（相当于对手）太可怕，不便于直接向其进攻，所以尽管攻击性动作发出了，但是必须将其转向另外一种不太吓人的对象，比如转向一位没有恶意的旁观者（我们大家都曾经作为旁观者遭过殃），甚或是一件没有生命的物体。如果攻击行为转向的是物体，它可能被砸得粉碎、彻底损坏。妻子把花瓶扔在地上摔个稀巴烂时，狼藉满地的碎片自然是相当于丈夫被摔烂的脑袋。有趣的是，黑猩猩和大猩猩常常以自己的形式来表现改变攻击方向的活动，它们撕碎、砸烂、甩打身边的树枝和树木。同理，改变攻击方向的行为也具有强烈的视觉影响。

伴随所有这些攻击性表示的是一种专门而重要的现象，这就是做出威胁对手的面部表情。它们和语言信号一起，给我们提供了准确传达攻击情绪的最精确的方法。诚如前面有一章中所言，微笑的表情是人类独有的；可是，我们带攻击性的面部表情——尽管很富有表现力，仍然与高级灵长类动物有大同小异之处。（我们只需一瞥，就可以分出愤怒的猴子和吓坏了的猴子，可是我们要使劲学习才能认出友好的猴子。）其规律十分简单：进攻的冲动越是压倒逃亡的冲动，面部肌肉就越向前突出。反过来，当惧怕占上风时，面部肌肉就向后收缩。面部作攻击表情时，眉头皱紧向前突出，额部舒展无皱纹，嘴角亦向前突出，嘴唇紧闭成一条直线。惧怕支配情绪时，受惊和威吓掺半的表情就呈现出来。眉头上扬，额头出现皱纹，嘴角后收，嘴唇张开，牙齿微露。这一面部表情常常是其他体态——看上去很富于攻击性的体态的伴生物。正因为这样，额头紧锁、牙齿外露等诸如此类的表情，有时被认为是"愤怒"的信号。然而，事实上它们是"惧怕"的信号。这样的面部表情提供了一个早期的预警信号，说明惧怕的情绪占了上风，虽然其余的体态仍然表现出恫吓的样子。当然，它仍然是一种恫吓的表情，故不能掉以轻心。假如表现出十分惧怕的情绪，面部肌肉就不再后收，此人就会退缩。

以上各种面部表情是我们与猴子共有的。假如你有机会与一只大狒狒遭遇，记住这一点倒是值得的。除此之外，我们在文化演进中还创造了其他的面部表情，比如伸舌头、鼓腮帮、用拇指摸鼻尖、夸张地拧歪五官肌肉等，所有这些都大大增加了我们表示威吓的面部表情。大多数文化还借用其他身体动作来表示威吓和侮辱，以此增加许多威吓和侮辱的姿势。带攻击性的意向动作（"气得暴跳"），已经被精炼而成许多不同的、高度程式化的刚烈的格斗舞。格斗舞的功能是鼓动社群的情绪，使其强烈的攻击性情感同步化，而不是直接向敌人表达攻击的情感。

由于文化发展推出了人造的致命武器，我们成了潜在的非常危险的物种，所以我们发现自己握有无比广泛的各种安抚信号，这一点不足为奇。我们享有与其他灵长类相同的基本的臣服模式——蹲姿和惊叫。除此之外，我们还将一大套表现屈从的动作加以形式化。蹲姿已发展至趴在地上的五体投地。强度较低的程式化动作有跪拜礼、鞠躬礼和屈膝礼。至关重要的信号是压低身子，使强者处于居高临下的位置。发出威胁信号时，我们使身子膨胀到极限，使身躯尽量伟岸魁梧。因此，屈从的行为必须与此相反——尽量使身体放低。我们并不随意放低身子表示屈从，而是将其程式化，使之成为苦干典型而固定的级别，每一级都有独特的信号意义。在这一方面，致敬礼是饶有趣味的；因为它说明，形式化的动作传递文化信号时竟然可以大大偏离该姿势的初始意义。乍一看，军礼像一个攻击性动作。它与举手打人的信号颇为相似，关键差别在于：手不握成拳头，而且是指向军帽。当然，它是脱帽礼经过程式化后略加修正的姿势，而脱帽礼最初又是降低身子高度这个行为的组成部分。

灵长类动物原始而简单的蹲卧动作，经过分解而成为今日之鞠躬动作，这一过程也蛮有意思。其主要特点是将眼睛的位置降低。直瞪瞪的盯视是最彻头彻尾的攻击行为，是最凶暴的面部表情之一，也是最富挑衅性的姿势的伴生物。（儿童的一种游戏叫"看谁盯赢谁"，其难度很大，就是这个道理。幼儿出于好奇而凝视别人，这样一个天真的动作，竟然被父母斥为"盯着别人不礼貌"，竟然受到如此的谴责，也同样是这个道理。）无论鞠躬礼因社会习俗的变化而简化到何等程度，它总是包括使面部降低位置这一成分。比如说吧，宫廷中的男侍，由于经常不断地重复，已经修正了鞠躬礼，但是依然要埋头；不过，他们不再弯腰，仅仅僵直地弯曲脖子，把头部低下来而已。

　　不太正式场合的反凝视（anti-stare），就是将目光移开的动作或目光游动（shift-eyed）的表情。只有十足的好斗者才目不转睛地盯着人看较长的时间。平常面对面交谈时，一个典型的动作是将目光从对方的脸上移开，每说完一句话或"一段话"又将目光移回来瞥他一眼，看看他的反应如何。专业演讲人花时间训练如何直视听众，而不是将目光越过他们的头顶，或埋头看讲台，或看讲演厅的两侧或后壁。即使他处在支配的地位，但由于听众人多，且全都凝视着他（从他们安安稳稳的座位上），所以他感觉到一种基本的、开初难以控制的畏惧。只有经过大量练习才能克服怯场。观众的直视这一简单的、带有攻击性的动作是又一原因，它使演员出场前感到忐忑不安。当然，演员的很多忧虑都是合乎理性的——他担心观众的素质，担心观众是否接受自己的表演，等等。但是，那么多双眼睛吓人的凝视构成了对他的另一种更基本的威胁。（这个例子又说明，在潜意识层次中，人们把出于好奇心的凝视和威胁人的盯视混淆起来了。）矫正视力的眼镜和太阳镜使面孔的攻击性增大。因为它们出乎意料地造成错觉，仿佛盯视表情的模式被放大了。戴眼镜的人看我们时，我们的感觉是眼睛睁得特大。气质温和的人往往选择细边眼镜或无边眼镜（大概未意识到为何要作这样的选择），因为这既使得他们看得比较清楚，又可以给人最低限度的夸大盯视的感觉。这样，就可以避免引起别人反过来盯着看自己。

另一种更强烈的反凝视形式，是以手遮眼，或将头搁在手肘窝里。简单的闭眼动作也切断凝视。有趣的是，与陌生人面对面交谈时，有些人不由自主地频频闭眼睛，似乎他们平常眨眼的反应变成了较长久的遮掩眼睛的时刻。但与朋友交谈时，这一反应却荡然无存，因为他们此时感到非常自在。与陌生人交谈时，他们究竟是想隔断陌生人的存在所构成的威胁，还是想减少自己盯视别人的频率？抑或是两者兼而有之？其意图并非总是清楚的。

因为盯视具有强烈的恫吓效果，许多动物长出作为自卫机制的近似于盯视的眼斑。许多飞蛾的翅膀上长了一对吓唬人的眼斑。这些眼斑藏在翅膀里，遇到食肉动物攻击时才亮出来。它们在敌害前将翅膀展开，闪动明亮的眼斑。实验证明，这一动作颇有价值，能恫吓敌害，使之逃跑，使飞蛾安然无恙。许多鱼类、有些鸟类，甚至有些哺乳动物都采用了这一技巧。在人类生活中，商品有时也使用这一手段（也许自觉，也许不自觉）。汽车设计师就用头灯来吓唬人，他们常常把车罩前头的线条雕饰为人紧锁眉头的形象，以此来增加汽车攻击性的总体效应。此外，他们还在两个"眼斑"（头灯）之间加上铁栅，以造成"咬牙切齿"的形象。公路交通日益拥挤，驾车活动的挑战性日益增加，汽车吓人的外形日益精致，给驾车人造成越来越富有攻击性的形象。在小规模范围内，有些产品的商标名称就像是威胁人的面孔，比如 OXO、OMO、OZO、OVO，等等。所幸的是，对制造商来说，这些商标并未使顾客反感；相反，它们引人注目。它们能吸引顾客的注意；虽然细看以后原来只是一些没有害处的硬纸箱，但商标的影响已经产生作用，顾客的注意力已经被吸引到这些产品而不是被吸引到竞争对手的身上了。

前已提及黑猩猩伸出一只软弱无力的手，使占统治地位的同类息怒。我们也有类似的姿势，表现为典型的乞求和哀求的姿势。我们还将这一姿势修改为一种普遍的致意姿势，其形式就是握手礼。友好的姿势常常由顺从的姿势发展而来。我们在前面已经看到，微笑和放声笑是如何演化的（顺便说明，息事宁人时，两者表现为怯笑和傻笑）。握手是地位大致相等者之间的相互致意；两者地位悬殊时，握手礼变成了弯腰的吻手礼。（随着两性之间和阶级之间的日益平等，后面这种高雅的吻手礼日益罕见。但是在一些特殊的领域，吻手礼沿袭至今。这些领域仍然固守刻板的地位等级制度，比如教会里就是这样。）在有些情况下，握手礼变成了自己摇手或拧手。在有些文化中，这是标准的致意求和礼；在另一些文化中，只有在更极端的乞怜时，才用这种致意礼。

在表示降服方面，演化出了许多专门的文化行为，比如拳击中扔汗巾、打仗时举白旗等。但是我们在此并不关注文化行为。不过，有稍许较为简单的诱发新动机的手段值得一提；因为它们与其他动物类似的行为模式的确有一些颇为有趣的联系。你也许还记得动物的一些行为模式：面对攻击性的或潜藏着攻击性的个体时，它们做一些幼稚的、交尾的或梳理的动作，借以激起强者不带攻击性的情感——这些不带攻击性的情感与强者原有的攻击性相较量，最终压制住强烈的攻击性。在人类身上，幼年期的行为在求爱期间尤为常见。求爱的男女常常用"婴儿语"，这并不是由于他们要做父母，而是因为"婴儿语"可以诱发更温柔、更带保护性的情感，使对方表现出慈父慈母的情绪；这就使那些更带攻击性的情感（或更令人生畏的情感）受到压抑。有趣的是，一想到鸟类在求偶阶段互相喂食的行为模式，我们就注意到，人类在求爱期间，互相喂食的行为表现异常得多。在人生的其他阶段，绝没有这么多男女相互喂食的行为，也没有这么频繁地互送巧克力糖的时期。

至于诱发新动机并将其导入性欲方向，这种情形的发生，是在弱者面对处于攻击状态而非真正的性冲动状态的强者（男性或女性）时，弱者就采取这种"示弱"的态度。这种"示弱"姿态用得很广泛。但是，弱势动物将臀部送往强者的动作，连同动物固有的交配姿势本身，在人类身上已差不多完全消逝。诱发新动机以化解攻击行为，仅见于打屁股这一体罚中，有节奏的打屁股代替了动物带攻击性的交配动作。如果小学老师充分解悟个中意味，意识到打学生屁股相当于灵长类动物古老的仪式化交配动作，他们是否仍会坚持这种体罚，那是要打一个问号的。老师本可以不必坚持要男童翘起屁股作雌性动物交配的姿势，也可以照样让学生吃皮肉之苦（女童绝少被打屁股。其耐人寻味之处正在于此，它说明，打屁股显然根源于性行为）。有一位权威人士想象，老师有时叫男童扒下裤子打屁股，并不是要让学生吃更多的皮肉之苦，而是因为老师能看见越打越红的屁股；它使人联想到雌性灵长类发情时红肿的阴部。无论这一观点正确与否，有一点可以肯定，用这种特别的体罚来使老师息怒，注定要遭到可悲的失败。不幸的男童屁股越红，老师的潜在性欲就越受到刺激，他也就更可能延长这一仪式。由于性行为被鞭笞代替，受罚的学生遂再次回到原来的处境。他使直接的攻击转变为性攻击，但由于性攻击又象征性地转变为另一种攻击方式，所以学童最终仍然被置于原来的处境。

诱发新动机的第三种方式是梳理行为，这一方式在人类生活中虽不明显却十分有用。我们常常抚摸和轻拍情绪激动的人，使他平静下来。许多社会地位较高的人花很多时间，要地位较低的人给他们梳妆打扮，围着他们转。但这个问题我们留待以后再讲。

移置活动在我们的攻击性遭遇中也起一定的作用，几乎在任何紧张的情景中都会表现出来。我们与其他动物的区别在于，我们不限于只用几种人类独特的替代模式。事实上，我们利用一切琐屑的行为来宣泄郁积的情感。在情绪激动的冲突中，我们可能要摆弄身边的装饰品、点燃香烟、觑一眼手表、倒一杯饮料、吃一口东西。当然，以上任何一种行为都自有其正常的功能。但是，当它们承担移置活动的作用时，其正常的功能就不再起作用。我们摆弄的装饰品原本已经摆设得非常得体。它们并非杂乱无章，经过摆弄反而可能更糟糕。在紧张的时刻，原来燃得很好尚未吸完的香烟可能被我们弄灭，我们又重新点燃一支取而代之。而且，在紧张的时候，我们吸烟的频率和身体对尼古丁的生理需要没有关系。反复擦拭的眼镜早已给擦得干干净净。用力上条的手表本来就无须再拧紧发条。我们觑一眼手表时，眼睛并不在意手表的时间。我们喝饮料，并不是因为口渴。我们吃一口东西，并不是因为饥饿。之所以要做这些动作，并不是由于它们通常的报偿功能，而是指望借此缓和一下紧张的情绪。社交活动开始的时刻，移置活动的频率很高，因为在表层的活动之下，潜藏着惧怕和攻击性。在宴会上，在小型社交聚会中，每当握手微笑之类的彼此安抚情绪的礼仪以后，紧接着都是一套替换的活动：拿烟倒茶送点心。即使在大型的娱乐活动比如唱戏看电影这样的场合，人们都故意中断节目略事休息，以便让观众有机会享受一下移置活动。

处在攻击性较强的紧张时刻时，我们往往转向一种与灵长类动物相同的移置活动，此时宣泄紧张情绪的通道就带有更多的原始野性。在这样的情况下，黑猩猩反复激动地"挠痒"，这一动作颇为特别，与平常的挠痒迥然不同。它抓挠的部位限于头部，有时也扩展到手臂上；抓挠的动作本身有相当固定的程式。此时，我们的行为与它们的移置活动颇为相似，我们的替换性梳理动作相当夸张。我们禁不住要挠头部、咬指甲、用手"洗"脸、捋胡须、拢头发、掏鼻子、扇鼻子、擤鼻涕、摸耳垂、掏耳朵、摸下巴、舔嘴唇、搓手掌，等等。仔细观察严重冲突下的替换行为就可以看到，以上活动全都是仪式行为，真正仔细的定位明确的清理行为是不存在的。一个人的挠头动作和另一个人的挠头动作迥然有别，人们各自有固定和独特的模式。既然不存在真正清洗的问题，所以只挠到某一部位而忽略了其他部分并不要紧。在一小群人的任何社会交往中，哪些人地位较低是一望而知的，因为他们的替换性自我梳理活动频率较高。高高在上的人也是一望而知的，因为他们几乎没有任何替换性的自我梳理活动。如果表面上地位高的人确实做了许多移置活动，那就表明，他的支配地位受到了威胁，在场的人中有人对他的地位提出了挑战。

我们在探讨以上各种攻击性和臣服性的行为模式时，有一个假设：人们的行为"说的是真话"，他们没有故意修正自己的行为以求某种特殊的目的。我们"撒谎"主要靠语言，而不是靠其他交际信号。尽管如此，用非语言信号"撒谎"的现象也不能完全忽视。诚然，用我们探讨的行为模式来"撒谎"是极其困难的，但并非绝对不可能。前已提及，父母用这种动作来掩盖紧张情绪时，常常遭到惨败，但他们却意识不到掩饰会适得其反。但是，由于成人交往的主要精力集中在语言的信息内容上，所以用非语言的行为"撒谎"就比较容易达到目的了。可惜，用行为"撒谎"的人只选用了他整个信号系统的一部分信号。还有一些他意识不到的信号戳穿了他的把戏。要想撒谎奏效，那就不要故意修正某些信号，而是要专注于自己想表现的情绪，并争取进入角色，细节问题则自然会水到渠成。专业的"撒谎者"经常使用这一方法并大获成功，演员就用这种方法进入角色。他们的职业生涯就一直在用行为"撒谎"中度过，这一职业特点有时会给他们的个人生活带来极大的损害。政治家和外交家也需要做一些欠妥的"撒谎"，但是他们不像演员，演员是"得到执照可以撒谎"的。政治家和外交家因"撒谎"而负疚，这就反过来影响了他们的行为表现。此外，与演员不同的是，他们没有经过长期"撒谎"的表演训练。

即使未受专业训练，只需稍加努力，仔细研究一下本书介绍的情况，也可以达到预想的目标。我有意识地试了一两次，用这种办法去对付警察，还真有点用。我想，既然顺从的姿势可以产生强烈的生物趋势使人息怒，那么如果使用恰当的信号，这一倾向想必是可以人为控制的。大多数驾车人因违犯交通规则的小毛病被警察拦截时，立即申辩说，自己并没有犯规，或者找借口为自己开脱。他们这样做是在保卫自己的（流动）领地，把自己放在与警察争夺领地的对立地位。这是最糟糕的行动。它迫使警察发动反击。相反，如果表现出非常顺从的态度，警察要想发火就会很难。完全认错、承认愚笨、甘愿顺从的态度，立即把警察置于高高在上的支配地位；处在这一地位，他很难发起攻击。要表示感激和赞赏，赞扬他的干练。但是言辞是不够的，还要做出恰当的姿势，体态和表情都要表现出惧怕和顺从。尤为重要的是迅速下车走到警察跟前，绝不能让他走到你的跟前，否则，你就在迫使他离开自己的领地，这对他构成威胁。而且，倘若你待在车里不动，你就是在坚守自己的领地；倘若你离开汽车，你的领地身份自然就随之削弱。此外，坐在汽车里的姿势的固有属性是高高在上。在人类行为中，坐姿意味的权力是一个异常重要的成分。"国王"站立时，谁也不许坐；"国王"一起身，人人都必须起立。由于离开汽车，你既放弃了自己的领地权，又放弃了高高在上的坐姿，使自己的地位大大削弱，你就为后继的顺从行为做好了准备。但是，站起身以后，要紧的是不要挺得笔直，而是要缩着身子，耷拉脑袋，垂肩屈膝。说话的语气与言辞一样重要。忧虑不安的面部表情、避开警察目光看一边的动作也会大有助益；还可以再做几个替换性的自我梳理动作，以增加分量。

遗憾的是，驾车人基本上都处于保卫领地的攻击情绪之中，要制造假象掩盖这一情绪是极端困难的。掩饰需要相当充分的练习，需要对行为信号知之甚详。如果你在日常生活中本来就地位不太高，即使你的顺从是装模作样，你也可能感到很不愉快，那还不如痛痛快快接受罚款为好。本章讲的是争斗行为，可是迄今为止我们只谈了如何避免真打实斗的方法。当情况恶化，最终难免肉搏时，尚未武装的裸猿的行为与其他灵长类动物的行为对比强烈，颇为有趣。它们最重要的武器是牙齿，我们最重要的武器是手。它们用前肢抓扯，用牙齿撕咬，我们用手抓扯，用拳头猛击。只有幼儿和年纪小的儿童徒手争斗时，用牙齿咬才发挥重要的作用；儿童手部和胳膊的肌肉尚不发达，因而不能产生很大的力量。

今天，我们能看到成人肉搏中一些高度程式化的运动，比如摔跤、柔道和拳击。但是，未经修正的、带有原始野气的肉搏已很难见到。一旦严重的战斗爆发，这样那样的人造武器总要利用起来发挥作用。最粗糙的武器是投掷器，或延长拳头的兵器，以增加拳头的打击力量。在特殊情况下，黑猩猩可以走到这一步，使它们的进攻作这样的延伸。在半禁闭的生活中，曾观察到它们这样的攻击行为：抓起树枝向一只豹子标本劈打，掰下土块向水沟对面的行人掷去。但是，很少证据说明，野生状态下的黑猩猩也广泛使用武器；毫无证据说明，它们在解决与对手争端中曾经使用过武器。然而，它们使我们瞥见了人类在蒙昧时代开始使用武器的端倪，人造武器主要是用来防卫其他物种的侵害和捕杀猎物的。武器用于同类相残，几乎可以肯定地说是次要的趋势。不过，一旦造出来，武器就可以用于对付任何紧急情况，而无论其使用的场合了。

形式最简单的武器是坚硬而结实的、未经加工的天然木头和石块。这些天然物体略微加工就成为了简单的武器，在投掷和打击的基础上，加上刺、砍、切、捅等动作的增强作用，木头和石块的威力就大大增强了。

下一步攻击方法里较大的行为变化趋势，是拉开攻击者和敌手之间的距离。正是这一步差点毁灭了人类自己。矛枪可以拉开距离，可是其有效范围很受限制。箭头射程稍远，但命中率不高。枪炮使射程急剧增加，从天上往下扔炸弹使进攻的范围进一步扩大，地对地导弹可以把攻击者的"打击"范围进一步拓宽。结果，对手不是被击败，而是不分青红皂白地被毁灭干净。我已说明，物种内部的攻击性在生物学水平上的目的，本来是击败对手，而不是杀死对手；因为敌手或是逃亡或是屈服，所以就避免了物种生命被毁灭的末日。无论弱者是逃是降，对手的交锋都告结束，争端遂告解决。然而，如果攻击者的距离很远，失败者让其息怒的顺从信号，胜利者是看不到的，于是狂暴的侵略就会像烈火一样地不可收拾。攻击者的怒火要熄灭，只能靠直接目睹对方的臣服乞降，或者是靠目睹对方的抱头鼠窜。现代的攻击战中，对手之间的距离太远，结果导致大规模的杀戮，这在其他物种的生活中是闻所未闻的。

给这种同类相残的残暴行为火上加油的，是我们在演化中养成的合作精神。我们在狩猎生活中加强了合作精神，这对我们极为有利。但是，它反过来成了我们的报应。它使我们产生强烈的互助冲动，这种冲动容易被煽动起来去干同种相残的攻击行为。狩猎时的忠诚变成了同类相争时的忠诚，于是就爆发了战争。正是这种演化里根深蒂固的帮助同伴的冲动，成了一切战争恐怖活动的主要原因，这实在是令人啼笑皆非。正是这一冲动驱使我们走向战争，使我们结成致人死命的帮派、团伙、集团和军队。没有这种合作和忠诚，团伙和军队就缺乏凝聚力，攻击行为就会还原成"个体的争斗"。

有人说，由于我们演化成了专门捕猎的杀手，所以我们自然成为同类相残的杀手，我们有一种谋杀对手的与生俱来的冲动。已如上述，证据与这一说法截然对立。动物谋求的是击败对手，而不是杀害对手。攻击行为的目标是谋求霸权，而不是毁灭对手。在这个方面，我们与其他动物基本上没有差别。我们没有理由要与众不同。不幸的是，由于现代战争中交锋的对手相距太远，由于集团的合作精神，由于两者的不幸结合，争斗的初始目标对卷入战争的人已经变得模糊不清了。他们攻击的目的，与其说是制服敌人，不如说是支持同志；于是，人类固有的容易消气的特点几乎没有机会表现出来。这一不幸的发展趋势可能将证明这是我们可能会遭到灭顶之灾的原因，它可能很快就造成人类的灭绝。

这种困境自然会使得我们大伤脑筋，我们竭力寻求替代办法。一条有利的出路是进行大规模双边裁军。但是，裁军要有效，就必须采取难以实现的极端措施：确保未来的一切争斗都是近距离的战斗——面对面争斗时自动出现的、直接的求和信号就可以再次发挥作用了。另一条出路是淡化各社会群体成员的爱国心。但是，这一办法与我们人类根本的生物属性是决然对立的。一个方向的联盟可以很快形成，另一个方向上的联盟也可以很快破裂。可是，人类天生结成排他性社会集团的倾向是无法根除的，除非我们的基因构成发生了重大的改变。然而，重大的基因变化自然又会使我们复杂的社会结构土崩瓦解。

第三条出路是提供并提倡用无害的象征性活动来替代战争。话又说回来，如果它们确实无害，它们在解决实际问题时就发挥不了重大作用。值得记住的是，战争问题在生物学这个层次上说，是一个保卫群体领地的问题；考虑到人类极为拥挤的现状，战争里面还包含了一个群体领地扩张的问题。热闹喧嚷的国际足球赛，无论打多少场也是解决不了这个问题的。

第四条出路是加强对战争的理性控制。有人认为，既然智慧使人陷入了混乱不堪的境地，智慧也可以使我们摆脱困境。不幸的是，就保卫领地之类的问题而言，我们的高级脑中枢太脆弱，很容易受低级神经冲动的驱使。理性控制的作用仅限于此，它不能超越这一步。作为最后一招，它是不可靠的。一次无理性的、情绪激动的行动，可以使一切理性的成就前功尽弃、化为乌有。

解决这一两难困境的唯一可行的生物学办法，是大规模削减人口，或者迅速向其他星球移民；可能的话，还可以同时采用以上所述的其余四种办法。我们已经知道，如果各国人口继续以目前的惊人速度增长，无法控制的攻击性就会急剧增加。这一点已由实验做出定论。严重的过分拥挤将会造成社会紧张，不等饥荒饿死我们，我们的社区组织就被社会压力和社会紧张粉碎了。人口过密与改善理性控制的努力背道而驰，它会严重加剧情感爆炸的可能性。这个发展势头，唯有靠出生率的显著减少才能制止。可惜，降低人口增长率遇到两个难题。我已说明，家庭这个单位是一种育儿手段，它仍然是一切社会的基本单位。演化到目前，家庭已成为一个生育、保护和培育子女的高度发达而复杂的系统。如果这一功能受损，或暂时去除，那就会损害配偶固定的婚姻家庭关系，就会造成烙有它特殊印记的社会混乱。另一方面，如果尝试用选择性的办法来遏制人口增长的狂潮，让有些配偶尽情生育，同时又阻止另一些配偶随意生育，那就会损害社会必需的合作精神。

用简明的数字说，减少人口的办法就是：如果世间的一切成年男女都结成配偶生育，又想人口要维持在均衡不变的水准，那就只能让每一对夫妻生两个孩子。如此，每个人就能用一个子女来取代他的存在。考虑到一小部分人已经不婚不育的事实，再扣除随时难免的车祸等引起的夭折，家庭平均人口可能会略多一些。即使这样，它给配偶关系的机制仍然构成了较大的包袱。子女少使包袱减轻，这意味着要在其他方面做出更大的努力，才能维持配偶的紧密关系。但是，从长远来看，这一危险比选择令人窒息的人口过剩所造成的危险要小得多。

归纳起来说，保证世界和平的最好办法是广泛提倡避孕或流产。流产是一种严厉的措施，可能会引起严重的情感动荡。而且，一旦受精卵形成，它就构成了一个社会新成员；毁灭它实际上是一种攻击行为，而攻击行为正是我们试图控制的行为模式。显而易见，避孕较为可取，反对避孕的宗教或其他"道德"派必须正视这一事实：他们搞的是贩卖战争的危险勾当。

既然提出了宗教问题，也许值得更仔细地看看这一奇怪的动物行为，然后再探讨人类攻击活动的其他方面。这一课题不好对付。但是，作为动物学家，我们必须观察实际发生的是什么，而不是听别人说的想当然发生的事情。经过观察，我们不能不得出这样的结论：从行为的意义上来说，宗教活动是一大群人长期反复表现的顺从行为，目的是让一位高踞于上的霸主息怒。这位至高无上者在不同的文化中表现为不同的形式，其共同之处总是威力无比。有的时候，它借助一种动物的外形，或者是理想化的动物形象；有的时候，它被描绘成一位智者和长者；有的时候，它又变成更抽象的东西，干脆被称为"那种样子"或诸如此类的东西。对它表示顺从的动作也可能是双目闭拢、头部低垂、双手合十作乞求状，有时双膝跪下、叩头及地，甚至五体投地，常常还口中念念有词，或吟唱赞美诗，或恸哭以诉哀伤。倘若顺从的祈祷奏效，至高无上者就不再动怒。因为它威力无边，所以祈祷仪式要定期频繁举行，以免它怒气上升。这位至高无上者常常——当然并非任何时候——被称为神。

既然没有一位神的存在是看得见摸得着的，为什么又被人造出来了呢？答案要回到我们祖先的演化中去找。在我们演化成为合作的猎手之前，我们生活的社群一定与今天猴子及猿类的社群相当。在典型的情况下，每一社群都由一位雄性支配。他是上司、是霸主，每一位成员都不敢激怒他，否则就要自食苦果。在保护群体安全使其免受外来危险中，在解决群体成员的纷争中，他也发挥着最积极的作用。群体成员终生都围绕着这位至高无上者转动。他威力无比的角色使他拥有与神相似的地位。现在回头来看看我们的直系祖先。显然，由于集体狩猎中最重要的因素是合作精神，如果首领保证群体成员积极的而不是消极的忠诚，那么，他使用的个人权威就必须受到严格的限制。群体成员必须心甘情愿接受他的权威，而不仅仅是畏惧他的权威。首领更需要和他们"打成一片"。老式的猴王暴君必须要淘汰，取而代之的是一位更具宽容态度、更富合作精神的裸猿首领。这个步骤对于正在形成中的新型的"互助"组织，是必不可少的，但是它又引发了一个问题。头号人物的绝对统治让位于受到限制的统治以后，他再也不能享受毋庸置疑的忠诚。这一事态变化对新型的社会体系是至为重要的，可是它又留下了一个缺口。从我们悠远的历史背景看来，就需要一位全能的人物，他能把群体的所有成员置于控制之下：这个空白由一位人造的神来填补。神的影响可以弥补首领影响的不足。

乍一看，宗教大获成功使人吃惊。然而，其极端的潜力只不过是我们基本生物倾向的潜力而已——这一生物倾向是直接从我们的猿猴祖先遗传下来的。这一倾向是：服从群体中一位威力无比、身居统治地位的成员。正由于此，宗教作为增强社会凝聚力的手段，已被证明是无比宝贵的。既然人类演化中环境因素发生了这样独特的组合，如果没有宗教，我们人类能否取得如此巨大的进步，是值得怀疑的。宗教产生了许多稀奇古怪的副产品，比如信仰"来世"，相信人可以最终在来世与神祇相晤。由于业已阐明的原因，我们在今世必然无缘与神祇相晤。但是，神祇不露面的现象可以在来世生活中得到弥补。为了有助于来世与神祇相晤，围绕如何处置人死后的身体问题，就形成了许多稀奇古怪的习俗。如果要去会晤我们至高无上的霸主，我们就必须为此做好周密的准备，就必须举行非常考究的葬礼。

凡是宗教礼仪搞得过头的地方，都造成了不必要的苦难；每当神的专职"助手"禁不住诱惑，借用了一点神权来作为自己的权力时，都产生了不必要的灾难。然而，尽管宗教的历史曲折迂回，它始终是我们社会生活中必不可少的一大特征。每当它变得难以接受时，它总是静悄悄地，有时则是猛烈地，被人摒弃。但是，过不了多久，它就会以一种新的形式卷土重来——也许它是以改头换面的形式出现，可是它始终保存着原来那些基本成分。直说吧，我们必须"有一种信仰"。只有共同的信仰才能把我们黏合在一起，把我们控制起来。可以说，在此基础上，任何信仰都行得通；但严格地说，这并不确实。这种信仰必须给人留下深刻的印象，人们必须认为它的确能留下深刻的印象。我们的群居天性要求我们进行和参与繁复的群体仪式。如果删掉"浮华而隆重"的仪式，就会留下一个可怕的文化缺口，教义的灌输就不能在深层的情感层次发挥应有的作用，情感的作用对宗教是极为重要的。此外，有些类型的信仰非常"铺张浪费"，容易使人愚昧，它们可以使一个社群误入僵化的行为模式，阻碍其质的发展。作为一个物种，人类的主导特征是智慧和探索，凡是被用于人类智能开发和探索未知的信仰，对我们都最为有利。相信获取知识和对世界的科学认识是正当的，相信创造和欣赏气象万千的美的现象是正当的，相信拓宽并加深我们日常生活的经验是正当的，这一切正在迅速成为我们时代的"宗教"。经验和认识是我们颇难捉摸的神祇，无知和愚昧会使神祇动怒生气。我们的各级学校和宗教训练中心，我们的图书馆、博物馆、艺术画廊、剧院、音乐厅和体育场，是我们顶礼膜拜的公共场所。在自己家里，我们又崇拜自己的书报杂志、收音机和电视机。从一定的意义上说，我们仍然相信来世，因为我们从创造获取的报酬中有这样一种情感：借助我们创造的东西，我们死后还能"继续活在世上"。正如一切宗教信仰一样，这种宗教信仰也有若干种危险。然而，倘若我们必须有一种宗教信仰的话——看来正是这样，那么，相信来世的信仰似乎是最为恰当的，因为它最适合我们人类的生物属性。世界上越来越多的人接受了这一信仰，这构成我们乐观主义的给人鼓舞、使人放心的一个源泉，它可以抗衡本书前面表现出来的悲观态度，我们曾提到对人类生存的近期前途所抱的悲观态度。

我们着手谈宗教问题以前，已谈过人类攻击行为组织中的一个方面，即群体保卫领地的行为。但是，正如我在本章开头说明的一样，裸猿的攻击性具有三种截然不同的社会形式。现在，我们回头考察另外的两种。它们是保卫家庭这个小单位领地的行为，和个人维护自己在等级系统中的地位的行为。

在伟大的建筑进步中，我们保卫家庭所占空间的行为自始至终保存了下来。即使设计为居住区的庞大的建筑物，也孜孜以求地划分为大同小异的单元，每个单元住一家人。建筑物里很少或根本不存在什么"分工"。即使在出现了公共的吃喝场所比如餐馆和酒吧以后，家庭住宅里的餐室也没有去掉。尽管我们的城镇取得了许多其他成就，它们仍然要受我们悠久的裸猿的需求所主宰，我们仍然需要把社群分解为小块界限分明的家庭领地。凡是住宅没有被分割为套房的地方，家庭保卫的领地都被精心地用围栅、围墙或篱笆与邻居隔离开来。家庭之间的分界线受到的尊重和坚守，是非常强硬的，正如其他物种对待自己的领地一样。

家庭领地的一个重要特征是，它要能够与其他家庭领地轻易地区别开来。当然，它独立的位置使其具有个性，可是这还不够。它的形状和总的外观必须使之突出，使之成为容易分辨的实体，以便使之成为房主"富有个性的"住宅。这一点似乎显而易见，可惜它常常被人忽视，或者是由于经济压力，或者是由于建筑师对人的生物特性缺乏认识。全世界大大小小的城镇之中，修建了无数排列整齐、单调重复、模式同一的住宅。在公寓住宅中，情况就更加危险。建筑师、设计师和承建人对这些居民心理上的领地欲望所造成的损害是难以估量的。所幸的是，上述家庭还可以在设计成千篇一律的住房上打上自家领地的特殊印记。住房可以刷成各种颜色。凡是有院子的地方，都栽花养草、装点美化，使之独具风格。单家住宅和公寓住宅的室内都可以装点美化，用大量的装饰品、古董和家用品充分地加以修饰。人们通常把装饰住宅解释成使住房"好看"。事实上，这和动物在居穴附近留下气味标示领地范围的行为完全是一回事。你在大门上挂上名牌、在墙上挂上绘画作品时，如果用狗和狼的行为来说，实际上就和跷起后腿撒尿留下自己印记是一回事。有的人"收藏"成癖，专收某类物品，就是出于这样的原因，他们要用这种方式来给自己的家居领地划界，这种需求在他们的身上异常强烈。

记住这一点以后，再留意多如牛毛的悬挂吉祥物和其他个人标志的汽车，再观察办公人员的行为，是相当有趣的：一搬入新的办公室，商务官就立即在写字台上摆好笔盘、镇纸，或许再放上他妻子的一帧照片。汽车和办公室成了他家庭居所的衍生物，成了他的次生领地。在汽车和办公室留下自己的印记，使之成为更为熟悉、更能表明自己"占有"的领地，是非常舒服的事情。

这就使我们进入攻击性与社会等级系统的关系问题。相对于其常来常往的地方，个人也必须受到保护。他的社会地位应予保持，如果可能还必须予以改善。不过，保持并改善个体的地位时应该谨慎行事，否则就会危及个人与他人的合作关系。在这一点上，前述一切细腻的攻击性和顺从性信号发送办法都用得上了。群体合作要求而且确实达到了很高的一致性，比如在服饰和行为上的一致性。但是，在这个一致性的范围之内，仍有很大余地去进行等级地位的竞争。由于人们的竞争要求是相互冲突的，所以竞争达到几乎令人难以想象的微妙程度。领带究竟如何打结，上衣口袋中插入的手巾究竟露出多少，口音的细微差别等诸如此类的似乎琐细的特征，在决定人的社会地位上获得了至关紧要的社会意义。精于世故的社会成员一眼就能释读这些琐细的信号。如果突然被抛入新几内亚部落人中去，他就会手足无措；但是在自己的文化中，他不得不迅速成为释读微妙信号的专家。服饰和习惯的微小差别本身是毫无意义的，然而一旦和争夺并保持社会等级系统的游戏联系起来，它们就变得极为重要了。

我们演化的结果，不是为了适应成千上万人密集的群居生活。我们的行为设计只适合小部落群体的生活，这种小群体大约以不到100人为宜。在这样的环境中，每个部落成员都为全部落的人熟知，正如当今的猿类和猴类的情况一样。在这一类型的社会组织里，等级系统的形成和稳定都比较容易，只不过随社会成员的生老病死而作出一些渐进的调整而已。在庞大的城市人口中，情况要紧张得多。每一天，城里人都要遭遇难以计数的陌生人，在其他灵长类动物的生活中，这一现象闻所未闻。谁也不可能与他遭遇的一切人进入等级系统的关系之中，尽管人人都自然而然地具有这一倾向。相反，所有的陌生人都成了匆匆过客，既不追求支配别人，也不会被他人支配。为了减少社会接触，对抗身体接触的行为模式发展起来了。在探讨性行为时，已经提到这一点；无意之间触及异性时，就要马上避开。但是，这一点不仅适用于避免性行为，它适用于开始建立社会关系的整个领域。由于大家小心谨慎地避免互相盯视，避免向别人的方向打手势，避免以任何方式向别人发送信号，避免与陌生人的身体接触，我们总算设法活了下来；不小心翼翼避免这些东西，我们是无法在这个刺激信号过度的社会环境中生活下去的。一旦不接触他人身体的戒律被打破，我们就立即道歉声明：那纯粹是无意之间造成的。

避免身体接触的行为使我们把熟悉的人数保持在适合人类特性的水平上。在这一点上，我们始终如一的特点都非常明显。假如你需要证实这一特点，只消收集100位三教九流、趣味迥异的城市居民的通讯录或电话簿，数一数其中列出的熟人数目就行了。结果你发现，差不多每个人熟知的人数都一样多，也就是与我们想象的小部落人数一样多。换句话说，即使在社会交往中，我们依然遵守远古祖先的基本生物规律。

这一规律当然亦有例外。例外的人中有因职业关系需要和许多人亲自打交道的人，有因行为缺陷而异常害羞或孤独的人，有因特别的心理问题而无法从朋友处求得预期报偿，因而拼命社交以求补偿的人。但是，这几类例外者只占城镇人口的一小部分。其余的人各安其事，他们仿佛是生活在一片沸腾的人海里，其实他们构成的"部落群体"相互连锁、相互交叠，他们异常繁复的群体关系令人难以置信。自远古的原始生活以来，裸猿发生的变化实在是小，实在是微不足道。

第六章

觅食与进食

乍一看，裸猿的进食行为是一种最为多变、随机性最强、最容易受文化影响的活动。其实在这里，某些基本的生物学原则也在起作用。我们已经仔细考察了裸猿的祖先是如何从采摘果实逐渐转变为合作捕猎的。我们知道，这一演变引起了裸猿进食行为的一系列根本变化：觅食变得日益复杂，成为精心组织的活动；捕杀猎物的冲动或多或少与进食冲动相分离；食物被带回固定的居所来享用；食物要进行更多的加工；每餐食量增多，间隔时间延长；肉食比例增加；贮备和分享食物成为惯例；食物由家庭里的男性提供；排泄活动逐渐改变并受到控制。

这一切变化都是在漫长的时间进程中形成的。尽管近年来技术飞跃发展，我们仍然坚守这些进食习惯，这的确是耐人寻味的。诚然，上述习性受到种种时尚的冲击，但是它们似乎并不完全是文化的产物。就我们今天的行为来看，这些习性在某种程度上已然成为人类根深蒂固的生物特征。

我们注意到，现代食物采集的技术已大大改善，社会中大多数成年男性已不再从事狩猎活动。他们以外出"工作"为补偿。工作虽已代替了狩猎，但却保留了狩猎的许多特点，包括定时从家庭所在地奔赴"狩猎"场。工作主要是男性从事的活动，他们因此有机会进行男性成员之间的交往，从事团体活动。工作需要冒险，需要制定策略。这些假性的狩猎者说，他们是"城市捕猎者"。他们的捕猎行为坚持不懈。据说他们是在"养家糊口"。

想轻松轻松时，这些假性狩猎者便到禁止女性参加的男性"俱乐部"去。年轻的男性容易结成带有"掠杀性"的帮派。从学术团体、社交联谊会、兄弟会、工会、体育俱乐部、共济会、秘密团体直到青少年团伙，所有这些组织都有强烈的男性"兄弟情谊"，他们对团体非常忠诚。他们佩戴徽章，身着制服和其他身份标志。新成员入会必须举行仪式。我们不能因为这些团体完全是由男性组成的就误认为他们在搞同性恋。这些团体基本上与性无关，而是与古代男性合作的狩猎群体有关。这些组织在成年男性的生活中起着重要作用，这说明人类仍然具有祖先的基本冲动。否则，他们进行活动时就不必煞费苦心地排外，也不必举行烦琐的仪式，大多数活动也能在家庭中进行。妇女常常忌恨男人外出去"参加男性的活动"，认为这是对家庭的不忠。这种看法是错误的。她们看到的只不过是悠久的男性集体狩猎倾向在现代社会的表现。它与裸猿男女之间的关系一样，只是基本的生物特征，并和男女关系一样是演化的产物。至少在我们的遗传构成发生新的重大变异之前，它将仍然是人类的特征。

今天的工作尽管已取代了大部分的狩猎活动，但仍不能完全消除以更为原始的形式表现出来的基本冲动。即使狩猎活动已失去了经济意义，它仍然会以各种形式继续下去。捕杀大猎物，猎取牡鹿、狐狸、野兔，用猛禽捕鸟，钓鱼以及儿童的打猎游戏，等等，无一不是原始狩猎冲动在现代社会的表现。

有人认为，今天人们参加这些活动的动机与其说是要追捕猎物，毋宁说是要击败对手。身陷绝境的困兽犹如我们最仇恨的人，我们希望看到这种陷入绝境的困兽。这一看法无疑有其道理。至少对有些人说来是如此。但是从整体上来看待这些活动模式，显而易见，这个观点只能对现代狩猎活动做出部分解释。"运动型狩猎"的本质是要公平地给猎物以逃跑的机会。（如果猎物只是仇敌的替代物，为什么要给它逃跑的机会？）在打猎运动的整个过程中，猎手要给自己制造困难、设置障碍。本来猎手可以舒舒服服地使用机关枪或其他更加致命的武器，然而那就不称其为狩猎"游戏"了。重要的是要有难度挑战，复杂的追踪和巧妙的谋略才能给猎手以报偿。

狩猎本身是一大赌博，这是狩猎的基本特征之一。难怪今天高度程式化的赌博活动对我们会有如此强烈的吸引力。赌博与原始的狩猎和现代的打猎运动一样，主要是男性喜爱的活动；而且赌博同样有着必须严格遵守的社会规则和仪式。

考察一下阶级结构就会发现，下层阶级和上层阶级比中产阶级更热衷于打猎运动和赌博。只要把这些活动看成是狩猎基本冲动的表现，就会觉得这是很有道理的。我在前面已经指出，工作已成为原始狩猎活动的主要替代物，这对中产阶级最为有利。就下层阶级的一般男性而言，他的工作性质很不符合狩猎冲动的要求。他的工作单调、重复、毫无新奇可言，缺乏对狩猎者至关紧要的挑战、运气和冒险因素。正因为如此，下层阶级和（不工作的）上层阶级的男性才比中产阶级的男性表现出更强烈的狩猎冲动。作为狩猎的替代物，中产阶级的工作就比较符合狩猎活动的功能。

谈过狩猎以后，我们转向觅食模式里的下一种行为：宰杀猎物。工作、打猎和赌博等替代活动都表现出一定程度的宰杀行为。打猎运动中的宰杀仍以原始形式出现。然而在工作和赌博中，宰杀已转化为象征性的胜利，缺少暴力行为。所以宰杀猎物的冲动在今天生活中大不如前。不过在男孩的嬉戏（其实并不是那么轻松的）活动中，宰杀冲动会反复出现，其规律性令人吃惊。但是在成年人的生活中，宰杀冲动则受到文化强有力的压制。

这种压制有两种例外，这两种猎杀行为可以得到（某种程度的）宽恕。一是已经提到的打猎运动，二是观看斗牛。我们每天要宰杀无数的家畜，但公众一般看不见这一场面。斗牛的情况正好相反。成千上万的人聚集在一起观看，并通过斗牛士去体验猎杀的暴力行为。

在明确的限度之内人们允许这些流血运动，当然并非无人抗议。然而在这个范围之外，对动物的任何残暴行为都被明确禁止，都要受到惩罚。不过历史情况并非总是如此。数百年前，在英国和其他许多国家里，常有如何折磨和屠杀"猎物"的表演，以此取悦公众。此后人们认识到，参加此类暴力运动会使人对一切流血形式麻木不仁。由此可见，在我们这个复杂、拥挤的社会里，暴力运动构成了潜在的危险。个人的活动地域狭窄，出头的机会亦受到限制，这种情况可能达到令人无法忍受的地步。所以长期积蓄起来的攻击行为有时宛如山洪暴发，异常猛烈。

迄今为止，我们所说的是我们整个进食过程中的前几个步骤及其衍生的各种形式。在狩猎和宰杀以后，我们现在来谈谈进食本身。作为典型的灵长类动物，我们本应小口小口地吃个不停。然而我们并不是纯粹的灵长类动物。在向食肉动物演化的过程中，我们逐渐改变了整个的进食系统。典型的食肉动物暴饮暴食，进食的间隔时间很长。很显然，我们的饮食习惯符合这种模式，从前狩猎生活的压力也要求这种模式。尽管原始的狩猎生活早已消失，这种倾向还是长期保留下来了。今天，只要愿意，我们回头采用灵长类动物的进食方式是颇为容易的。然而我们都恪守严格的进食时间，仿佛我们还在从事活跃的狩猎活动。生活在今天的千百万裸猿中，极少有人还保持着灵长类动物特有的分散进食的习惯。即使在食物非常丰盛的情况下，我们也很少一日超过三餐，至多也不超过四餐。很多人的进食模式是每天只吃饱一至两餐。有人可能会说，多食少餐仅仅是因为比较方便，这是一个文化问题。但我们还没有证据能证明这个论点。今天我们拥有十分复杂的机构供给食物，完全可能设计出一种有效的系统以便让我们一小口一小口地分散进食。一旦文化模式适应这一系统，分散进食而又无损于工作效率是可以实现的。而且这还可以使我们不必中断其他活动。现行的"正餐"制度必须长时间地中断其他活动。但是，分散进食的模式无法满足我们基本的生物要求，因为人类在古代就是食肉动物。

为什么要加热食物而且还要趁热吃呢？考虑这个问题至关重要。有三种不同的解释。一种解释认为这有利于模仿"猎物的体温"。我们已不再生吃刚刚宰杀的动物，但是我们肉食的温度与食肉动物的食物的温度基本相同。其他食肉动物的食物是温热的，因为它还没有变凉；我们的食物之所以是温热的，则是我们重新加热的缘故。另一种解释认为，因为我们的牙齿不够锋利强健，只得用烧煮来使肉"变软"。但这仍不能解释我们趁热进食的原因，不能解释为什么要加热许多种不需"煮软"的食物。第三种解释认为，提高温度可以改善食物的味道。烹调时我们加上各种各样的作料，使食品的味道更加鲜美。这与我们后来获得的食肉习性无关，而是与我们更古老的灵长类动物的进食习性紧密相连。典型的灵长类动物的食物品种繁多、味道迥异，远比食肉动物的食物爽口。食肉动物在完成追猎、捕杀、准备食物的复杂过程以后，实际的进食十分简单、粗暴。它狼吞虎咽，囫囫囵吞下。猴子和猿类却不一样，它们对各种味道的食物非常敏感，细嚼慢咽，逐一品尝，细细玩味。我们加热食物，加上作料也许是想回到灵长类动物挑剔食物的本性上去。这也许是我们避免向地道的血腥食肉动物转变的一种方法吧。

既然提出了味道的问题，就应澄清有关我们如何接受味觉信号的一些误解。我们是如何品尝食物味道的？我们的舌面并不光滑，布满了乳突，上面长有味蕾。每个人大约有1万个味蕾。到了老年，味蕾逐渐退化，数量也逐渐减少，所以会出现味觉退化、挑剔食物的现象。奇怪的是，我们只能对四种基本味道做出反应：酸、咸、苦、甜。一旦舌头接触到食物，食物中四种基本味道构成的比例就被记录下来，综合形成食物的基本口味。舌头不同的部位对四种味道的反应也不一样，只对其中的某一种味道反应最强烈。舌尖对甜味和咸味、舌边对酸味、舌根对苦味特别敏感。舌头作为一个整体还能辨别食物的质感和温度。除此之外，舌头就无能为力，没有其他作用了。更细微的种种"味道"实际上不是尝出来的，而是闻出来的。食物的气味扩散到鼻腔内，里面长有鼻膜。我们说某一道菜味道鲜美，实际上是指菜尝起来、闻起来很鲜美。一旦我们患了重感冒，嗅觉就大大降低。出乎意料的是我们这时会说食物没味。事实上我们的味觉还是同样灵敏，只是嗅觉出了毛病。

弄清了这一点，我们还需要特别说明口味的另一方面。这就是不可否认的、普遍的"嗜甜癖"。嗜甜癖不是真正的食肉动物的习性，而是典型的灵长类动物的嗜好。灵长类动物吃的食物成熟以后通常很甜。凡是带有这种甜味的食物猴子和猿类都很喜欢。我们也和其他灵长类动物一样，很难抵制"甜食"的诱惑。尽管我们有强烈的食肉倾向，我们的裸猿祖先却表现出嗜甜的倾向，它们寻找特别甜的东西为食。我们喜欢甜味胜过其他几种基本味道。我们有"甜食店"，却找不到"酸食店"。特别是在丰盛的筵席上，我们常常是在吃完多道菜肴以后，还要吃些甜食。嗜甜癖就这样流传至今。更重要的是，我们不时要在两餐饭之间吃些零食（这是回到古代灵长类动物分散进食模式的一种行为），而且选用的总是灵长类动物喜欢的那类甜食，如糖果、巧克力、冰淇淋，或放糖的饮料。

强烈的嗜甜癖可能使我们陷入困境。食物中有两个因素很有吸引力：一是富有营养，二是味道可口。在自然环境中这两个因素密切相关，可是在人工食品中这两个因素可能相互分离。由此就可能出现危险。毫无营养价值的食物只需添加大量的代糖剂就可以变得非常诱人。如果它们诉诸我们灵长类古老的嗜甜弱点，尝起来"特别甜"，我们会狼吞虎咽，用甜食塞满肚子，不再吃其他的食物，于是，食谱的平衡就被破坏了。对正在发育的儿童尤其如此。前面有一章曾经提到，最近的研究表明，一到青春期，少年对甜食和果香的偏爱就会很快消退，他们喜爱的味道转变为花香味、油腻味和麝香味。儿童容易沾染偏爱甜食的弱点，事实上正是如此。

成年人则面临另一种危险。成年人的食物一般都味道可口，比自然界里的食物鲜美得多，因而食物的色香味就急剧增加，食欲反应受到过度的刺激。结果，许多人身体过胖，健康受到损害。为了避免上述危害，我们发明了种种离奇的"节食"养生法，劝告"病人"要注意吃这吃那，少吃这少吃那，或者进行各种锻炼。遗憾的是，解决这个问题的答案只有一个：少吃。这个办法非常灵验。但是，由于节食者处于美味佳肴的包围之中，他很难坚持很久。身体过胖的人还有另一个并发症。前面我已提到移置活动——精神紧张时缓解情绪的琐碎的、毫不相干的行为。我们看到，移置活动里有一种十分常见的形式就是"替换进食"。紧张时我们会小口小口地啃东西、喝饮料。这有助于我们放松，但也促使我们长肥。其中有一个特别重要的原因，因为替换进食是"琐屑的"，所以我们常常有意选用甜食。长此以往，就会引起众所周知的"肥胖焦虑症"。我们会看到，熟悉的、滚圆的轮廓在焦虑不安的人身上慢慢地出现了。对于这类人，只有改变他的其他行为，消除产生紧张的原因，减肥活动才能奏效。在这里值得一提的是口香糖的作用。口香糖似乎完全是替换进食的一种手段。它提供了必要的"专职"要素，能消除紧张情绪，又不会使人吃得过多而影响健康。

现在来看今日裸猿所吃的种种食物。我们的食物种类繁多。一般来说，灵长类动物比食肉动物的食物范围要广泛得多。后者食物专一，前者是食物机会主义者，有啥吃啥。例如，对大量的日本猕猴进行仔细的实地考察后发现：它们所吃的植物多达 119 种。其形式有花蕾、嫩尖、叶片、果实、块根、树皮。不用说它们还要吃种类繁多的蜘蛛、甲虫、蝴蝶、蚂蚁和虫卵。典型食肉动物的食物虽然更富有营养，但种类却要单调得多。

人类在以狩猎为生的时候，就已经享受了动物界和植物界的精华。我们既增加了营养价值很高的肉类，又没有放弃原来灵长类动物的杂食性。在最近几千年中，获取食物的技术有了相当的发展，但基本状况却依然如故。就我们所知，最早的农业可以粗略地描绘为"混合农业"，养殖业和种植业并行发展。今天，我们已能有效地支配动植物环境。即使如此，我们仍然是两种食物并举。为什么我们没有偏废其一？答案似乎是：人口密度在日益增大，完全依赖肉食会出现数量不足的危险；反之，如果完全依赖农作物则会危及食物的质量。

有人可能会说，既然我们的祖先灵长类动物不吃肉也能生活，我们不吃肉也应该能够生存，我们变成食肉动物完全是迫于环境；既然我们已经能按自己的意志精耕细作、控制环境，我们就应该恢复古代灵长类动物的进食模式。这种观点从本质上看是素食者（或像某些信徒自诩的果食主义者）的信条。完全不吃肉是很难办到的。人类食肉的冲动已变得根深蒂固，一旦有了吃肉的机会，我们是不愿放弃这种进食模式的。素食主义者很少只用个人的喜爱来解释选择食物的理由，这一点耐人寻味。相反，他们精心为自己的素食行为搜寻各种理由，其实，许多理由在医学上不准确，在哲学上自相矛盾。

和典型的灵长类动物一样，自愿吃素的人利用多种植物性食物来维持营养平衡。有些社区之所以流行无肉食谱，那是迫于食物的严重匮乏，而不是出于少数人伦理上的偏爱。随着作物栽培技术的发展和主要粮食作物的集中，一种低等级的效率在有些文化中便愈演愈烈。大规模的农业生产使人口得以迅速增长，但是如果他们只是依赖仅有的几种基本谷物生活，就会造成严重的营养不良。这样的民族人口会不断地增多，但人们的体质极差。他们能勉强维持生存，但仅仅是维持生存而已。滥用文化进步开发的武器会导致侵略。同理，滥用文化进步开发的进食技术会导致营养不良。如果缺乏基本的食物平衡，社会也可能幸存下来；但如果要在人口的质量上求得进步和发展，社会就必须克服由于蛋白质、矿物质和维生素不足而产生的普遍的不良后果。今天，凡是最健康、最富于进取精神的社会都很好地维持了动植物食谱的平衡。尽管获取营养的方法发生了戏剧性的变化，但今日之裸猿的食物与他昔日狩猎猿祖先的食物基本上还是相同的。我们又一次看到，裸猿的变化看起来很大，实际上却并非如此。

第七章

梳理与安抚

动物直接与外界接触的身体表面终身要受到无数的磨损。令人吃惊的是，其体表竟能承受这样的磨损而保持完好。这一方面是因为动物有着奇异的组织再生系统，另一方面则是因为动物形成了多种多样安抚身体的特殊活动方式，以保持身体的清洁。与进食、争斗、逃亡和交配活动相比，我们往往把动物的这些清洁活动看得无足轻重。然而，如果没有这些活动，动物的机体就不能有效地运转。对于有些动物如小鸟，保持羽毛清洁是生死攸关的大问题。如果把羽毛弄得又脏又湿，小鸟就不能迅速起飞，逃避天敌。如果天气变冷，小鸟也很难保持体温。鸟要花许多时间来洗澡、理毛、涂油、抓挠。这一过程既费时，又十分复杂。比较而言，哺乳动物安抚的行为模式要简单一些。但它们也喜欢梳理、舔舐、捉寄生虫吃、挠痒痒、擦身子。和鸟的羽毛一样，哺乳动物的皮毛要保持清洁才能保持体温。如果皮毛弄得板结、肮脏，动物就容易生病。皮肤上的寄生虫必须清除，尽量减少。这对灵长类动物自然也不例外。

　　野生的猴类和猿类经常梳理自己。它们有条不紊地清理自己的皮毛、清除皮屑和异物。它们通常把清除的东西塞进嘴里吃下去，至少要尝一尝。梳理活动可能持续数分钟，给人一种专心致志、一丝不苟的感觉。梳理过程中，它们会突然抓抓这里，挠挠那里，抓起皮屑和寄生虫塞进嘴里。大多数哺乳动物只能用后腿抓挠；猴子和猿类则可以既用前肢，又用后腿，而且它们的前肢非常适于清洗工作。它们的手指灵巧，在皮毛中运动自如，能准确地找到发痒的位置。与其他动物的爪、蹄相比，灵长类动物的前肢是十分精密的"清洗工具"。即使如此，两双手总比一双手更管用，这就出现了一个问题。猴子或猿类能用两手同时抓挠腿部、腰部或身体的前面，却不能两手同时有效地对付背部或手臂。由于没有镜子，它在清洗头部时也无法看清自己的动作。它可以用两手清理头部，但只能瞎摸。显然，如果没有一种特殊的办法，它的头部、背部和手臂就不能梳理得像身体前面、腰部和腿部一样漂亮。

解决的办法是社会性梳理，这是一种友好的互助系统。社会性梳理在鸟类和哺乳动物中十分常见，但最突出的还是高级灵长类动物的梳理。它们有独特的梳理邀请信号，它们的社会性"美容"活动持久而投入。梳理猴在向被梳理猴靠近时，总是用特有的面部表情向后者表明来意。它迅速咂嘴，常常是每咂一次嘴还要吐一吐舌头。梳理猴靠近时，被梳理猴常常会放松肢体，接受其盛情。它或许会主动露出需要梳理的部位。已如前述，猴子清理皮毛、吃皮屑和寄生虫的动作已逐渐发展成一种特殊的咂嘴仪式。一旦这种动作加快速度，变得更加夸张、更富有节奏感，就完全可能转变成一种明白无误的视觉信号。

由于社会性梳理是合作性、非攻击性的行为，咂嘴就变成了表示友好的信号。两只动物如果希望加固友情的纽带，即使它们的皮毛不需要清理，它们也可以反复进行梳理。今天，皮毛上的灰尘与相互梳理之间看起来确实没有什么联系。社会性梳理与原来的刺激因素看来已经分离。尽管社会性梳理在保持皮毛整洁上仍然十分重要，但是，其动机在今天与其说是为了美容，不如说是为了社交。社会性梳理能使两只动物更加亲密相处，互不侵犯，互助合作，因而有助于加强群体中个体之间的联系。

在这种表示友好的信号系统基础上形成了两种诱发新动机的手段：一是让对方息怒，二是让对方消除疑虑。弱小的动物一旦受到强者的惊吓，它可以发出咂嘴的邀请信号，接着就开始为对方理毛，以便使它息怒。这就缓和了处于统治地位的动物的攻击性，有助于它接受弱小的下属。强者允许弱者待在自己面前是因为弱者为它效劳。反之，如果强者想让弱者消除疑虑，镇定下来，它也可以使用同样的办法。向弱者咂嘴能表明强者没有进攻的意图。尽管强者外表威严，它可以表明没有伤害他人的意图。比较而言，让对方消除疑虑的行为模式不太常见，而安抚对方、让对方息怒的行为更常见，原因很简单，灵长类动物的社会生活不太需要消除疑虑的模式。弱者拥有的东西，强者直接诉诸武力一般都能得到。只有一种例外。一只处于统治地位而又无幼仔的母猴想靠近并搂抱猴群中其他成员的幼仔时，我们就可以看到这一行为模式。看见不认识的母猴走来，小猴自然会被吓跑。在这种场合，我们可以看到母猴向小猴咂嘴，以便使小猴放心。如果这一举动奏效，使小猴镇静下来，母猴就能抚摸小猴，轻轻地给它理毛，使它保持平静。

显而易见，如果再来看我们人类，灵长类动物基本的梳理倾向在我们身上也有所反映，它不仅反映在简单的清洗模式之中，而且还反映在社交模式之中。当然，这里有一点很大的差别：我们不再有华美的皮毛需要清洗。两只裸猿相遇并想增进友谊时，他们必须找到某种行为去替代社会性梳理。如果研究一下其他灵长类相互梳理的情景，就会发现一些有趣的规律。首先，微笑明显地代替了咂嘴。我们已经讨论过了，微笑源于婴儿的一种特殊信号。由于婴儿无法用手抱住母亲，必须有某种吸引母亲注意、使母亲平静的办法。到了成年，微笑显然变成"梳理邀请"的最佳替代形式。但是，发出友好接触的邀请以后，下一步该做什么呢？猴子用梳理皮毛强化咂嘴的表情，我们用什么强化微笑呢？不错，接触开始以后可以再次微笑，微笑还可以延长。但总还是需要点别的什么，需要某种更"专业的"行为，需要借用或转变某种类似梳理一样的活动。一经观察就会发现，我们利用的资源是语言。

为了合作，信息交换的需要日益增长，谈话的行为模式便应运而生。谈话形成于动物普遍的、表示情绪的非语言的有声信号。哺乳动物在独特的、与生俱来的叫声基础上学会了一套更复杂的声音信号。这些声音单位，经反复组合而形成了所谓的信息性交谈（information talking）的基础。与更原始的、表达情绪的非语言信号不同，这种新的交际方法使我们的祖先不仅能指称生活环境里的事物，而且还可以指称现在、过去或将来的东西。直至今天，信息性交谈仍然是人类最重要的语言交流形式。但是语言并不就此止步，它还在发展，它获得了另外一些功能。其中一种就是所谓情绪性交谈（mood talking）。严格地说，情绪性交谈并非必要，因为我们并没有失去表达情绪的非语言信号，我们仍然可以并且确实是在运用古代灵长类动物的呼叫声来表达情感。但是，我们同时又利用表达感情的语言来增强非语言的信息。在疼痛引起的大叫以后，紧接着便是"我受伤了"的语言信号；愤怒的咆哮后紧接着说"气死我了"。有时，非语言信号并不是以纯粹的非语言形式出现，而是表现在一种声调之中。"我受伤了"可能伴之以哀鸣或尖叫的音调。"气死我了"吼叫出来才足以泄愤。在这种情况下，声调并不因后天的学习而发生变化。它与古代哺乳动物非语言的信号系统十分接近，甚至狗也能理解其中的含义，更不用说其他种族的人了。这时所说的话几乎是多余的。（试着对你的爱犬吼叫"乖乖！"或细语"讨厌"，你就会明白我所说的意思。）在最粗暴和最热烈的情绪性交谈中，表现情绪的谈话在语言交际中几乎是多余的。其实，不说话也能传达当时的情感。语言交际的价值在于：它能使情绪交流表现得更微妙、更敏感。

语言的第三种形式是探索性交谈（exploratory talking）。探索性交谈是为谈话而谈话、审美性谈话，亦可称为游戏式谈话。和绘画这种信息传递形式一样，谈话已成为审美探索的中介。诗人就像画家。

但是本章所关心的是语言的第四种形式。把它描述为梳理性交谈（grooming talking）确实是恰如其分的。这是在社交场合进行的、毫无实在意义的、礼貌性的闲谈。"今天天气真好！""近来看过什么好书吗？"就是这样的闲谈。这种谈话与重要的思想或信息交流无关，它不表现谈话人的情绪，也没有美的愉悦感。其作用是加强见面时微笑的效果，维持社会亲和力。我们把这种谈话当作社交梳理的替代物。它能使我们进行无攻击性的交际，较长时间地相处，因此能促进和加强群体内十分宝贵的联系和友谊。

因此，在社交会晤中如何安排和设计梳理性交谈就成了十分有趣的游戏。见面打过招呼以后，梳理性交谈立刻变为最主要的活动。接着它逐渐失去优势，让位于其他形式的谈话。到了分手的时刻，梳理性交谈又成了最重要的谈话形式。如果聚会纯粹是为了社交目的，梳理性交谈自然会自始至终成为聚会的主要活动，完全排斥信息性交谈、情绪性交谈或探索性交谈的形式。鸡尾酒会就是很好的例子。在这种场合，男女主人会积极地制止"严肃"的谈话。他们一次又一次地走到客人中间，打断冗长的交谈，让客人轮换，以保证最广泛的社交接触。这样，到会的每个成员就一次又一次地被带回到"初始接触"的状态，使梳理性交谈的刺激维持在最强烈的水平。要使这类社交聚会不至中断、取得成功，必须邀请众多的客人，以保证在晚会结束前新的社交接触能进行下去。这可以说明鸡尾酒会成功的小小秘密：需要一个心照不宣的最低人数。非正式的小型宴会与鸡尾酒会略有不同。我们可以看到梳理性交谈随着夜深而逐渐减弱，严肃的信息交流和思想交流也随之逐渐占了上风。晚会临近结束之际，告别仪式到来以前，又会出现短暂的梳理性交谈。人们又以微笑道别。最后的道别加强了社交联系，有助于下次聚会。

我们现在来观察更正式的会晤。由于其主要作用是信息性交谈，所以我们发现其中的梳理性交谈进一步削弱，但并不一定会完全取消。正式接触中，梳理性交谈只出现在会晤开始和结束的时候。与宴会的情况不同，梳理性交谈不是逐渐减弱，而是在见面的礼节性的交谈后突然结束。和前面的社交场合一样，会晤临近结束时，只要有人以某种方式示意该分手了，梳理性交谈又会出现。由于人类具有强烈的梳理性交谈的冲动，正式会晤的双方通常被迫采取某些方法强化会晤的礼仪和程序以压制会谈中的梳理性谈话。这就是会议程序产生的根源。这种刻板的程序在其他非正式的社交场合是十分罕见的。

梳理性交谈是我们社交性梳理最重要的替代物，但不是其唯一表现方式。我们裸露的肌肤不能产生富于刺激性的梳理性信号，但我们可以用更富于刺激性的东西来代替肌肤。绒布或毛皮上衣、地毯或家具常常能激发强烈的梳理性反应。小动物则更是逗人喜爱，很少有人能不去摸摸猫的皮毛，或挠挠狗的耳朵。这些小动物喜欢被人抚摸，反过来又使抚摸它的人高兴，但这仅仅是使人得到报偿的一部分，更重要的是：宠物的皮毛成了一个宣泄的渠道，能够满足我们悠久的灵长类动物的梳理冲动。

就我们的身体而言，绝大部分是裸露的，但又长又密的头发则可供梳理。头发在专业的理发师和美容师手中备受呵护，仅用清洁卫生作为理由无论如何是无法解释这一现象的。为什么梳理头发没有成为一般家庭中社交集会的一部分，其道理并非一目了然。例如，既然我们可以轻而易举地把梳理活动集中在头部，那么我们为什么还要用梳理性交谈来替代灵长类动物更典型的友好梳理呢？答案似乎在于，我们的头发具有性的意义。男女的发式现已迥然不同，因此成了第二性征。头发的性别含义不可避免地要影响两性的行为模式。抚弄头发含有极强的性爱意义，所以它不能作为简单的社交友好的表示。既然社交集会中禁止抚弄头发，我们就必须寻求其他表达方式。抚弄猫或沙发可以宣泄梳理冲动，然而满足被梳理的要求就需要有特殊的环境条件。上理发厅就是最好的解决办法。在理发厅，顾客可以享受被梳理者的角色，无须担心有性爱之嫌。一旦专业理发师从熟悉的"部落"群体中完全分离出来成为独立的职业，上述危险就能消除。男理发师只为男宾、女理发师只为女宾服务就进一步减少了上述危险。即使不是这样，也可以用某种方式降低理发师的性别影响。如果是由男理发师为女宾做头发，不管他的人格性别如何，他常常会表现出女性气。男宾几乎总是由男理发师理发。如果是女按摩师为男宾服务，她一定具有相当典型的男性气质。

作为一种行为模式，理发具有三种功能。理发不仅可以清洗头发、满足社交性梳理的欲望，还可以使理发的人打扮得漂漂亮亮。为了满足性欲、攻击性和社交目的而打扮是裸猿行为里普遍的现象。这一点在其他章节已做了探讨。除非修饰打扮是从某种梳理性活动发展而来，否则在讨论安抚的这一章里它就不应再占一席之地。追根寻源，文身、修面、拔毛、修剪指甲、耳垂穿孔以及更古老的伤身习俗似乎都是从简单的梳理活动演变来的。但是，鉴于梳理性交谈是借用其他活动来代替梳理性活动，梳理性活动就发生了逆向变化。经过借用和发展，梳理性行为已用作他途。原来旨在保护皮肤的舒适行为在获得展示功能的过程中发生了变化，以至发展到伤及皮肉的程度。

从囚禁在动物园里的动物身上可以看到这种变化。这些动物在梳理和舔舐活动中非常专注，有一种病态的热情，以致使自己或同伴身上的毛发一片一片地掉光，甚至伤及皮肉。梳理过分的原因是紧张或无聊。类似的情况还会使某些人损伤自己的肌肤。因为我们的皮肤裸露无毛，自然更容易受到损伤。但是，就我们人类的情况而言，我们固有的机会主义使我们能够化解这一危险而有害的倾向，把它转变成一种装饰性的展示手段。

简单的肌肤保护还发生了另一种更重要的变化，这就是医疗保健。其他动物在这方面几乎一事无成。然而，从社交性梳理行为发展起来的医疗保健却对裸猿的兴旺特别对裸猿的近代发展，产生了极为重大的影响。在人类的近亲黑猩猩中，医疗行为已初露端倪。除了旨在保护肌肤的一般性梳理之外，有人曾看见一只黑猩猩给另一只黑猩猩医治小创伤。它仔细检查伤口，把它舔舐干净，然后用两根手指夹紧同伴的皮肤，小心翼翼地把刺拔出来。有一次，一只雌性黑猩猩左眼里掉进了一粒灰渣。它走到一只雄猩猩面前，抽泣呜咽，显然很痛苦。雄猩猩坐下来认真检查，两只手各伸出一根手指头，开始用两指取灰渣。它全神贯注，一丝不苟，准确到位。这不是简单的梳理行为，而是真正医疗的开端。然而就黑猩猩而言，上述例子已到极限。我们人类智力发达，密切合作，这类专门的梳理只是普遍的互助保健技术的起点。今天的医学已发展得如此复杂，从社交的角度来看，医学已成为人类安抚行为的主要表现。医疗技术原来只能对付轻微的伤痛不适，到现在已能治疗严重的疾病和身体创伤。作为一种生物现象，人类的医学成就是无与伦比的。但是在日益变得理性化的进程中，我们对自己非理性的方面有所忽视。要理解这一点，就要分清哪些病痛很严重、哪些病痛则无关痛痒。与其他动物一样，裸猿也可能由于偶然的原因摔断一条腿或患严重的寄生虫病。但是并非所有的小毛病都真正是病。轻微的感染和不适常常受到认真的治疗，似乎这是大病的前兆。但是有确凿的证据表明，实际上这些病与原始的"梳理要求"的关系更为密切。这一类的症状反映的是行为问题，表现为身体不适，但并非真是身体出了问题。

我们可以把这类问题称作"与梳理性邀请有关的小恙"。常见的例子包括咳嗽、感冒、流感、背痛、头痛、肠胃不适、皮疹、咽喉肿痛、肝胆失调、扁桃体炎和喉炎。病情不重，却有碍健康，有理由得到社交同伴更多的关注。这些症状所起的作用与梳理性邀请信号相同，它们可引起医生、护士、药剂师、亲戚朋友对患者的安慰。只要患者得到友好的反应，得到同情和护理，这些病通常会不治而愈。今天，服药代替了古代的梳理行为，并成为一种职业性的仪式，它以特殊的交往来维持梳理者与被梳理者之间的关系。所开药物的确切性质几乎是无关紧要的。在这一点上，现代药物的应用与古代流行的巫医毫无二致。

这样来解释轻微的疾病会引起非议。反对者会说，通过观察可以证明病毒和细菌确实存在。如果确实存在病毒和细菌，而且证明它们是引起感冒和腹痛的原因，那么我们为什么还要从行为上去寻求解释？答案是：在大城市里，每个人随时都受到病毒和病菌的侵袭，但我们只是偶尔才被其击倒，而且有些人比另一些人更容易患病。社区中那些一帆风顺或者能有效适应社会的成员很少患"与梳理性邀请有关的小恙"。相比之下，那些暂时或长时间遭遇社会问题的人容易患病。最有趣的是，这些病与个人的特殊要求相适应。例如，如果一个女演员苦于紧张的社会生活和压力，那会出现什么症状呢？她会失声，会患喉炎，所以就得停止工作去休息，她会得到安慰和照顾。于是，紧张情绪遂告消除（至少是暂时解除）。假如她患的是皮疹，她可以用衣服把皮疹掩盖起来继续工作，紧张情绪因此也会延续下去。让我们把女演员与自由式摔跤手作一比较。对自由式摔跤手而言，失声不会是"与梳理性邀请有关的小恙"，但皮疹的确是"理想的"病症；其保健医生发现，他们抱怨得最多的正好是皮疹。有趣的是，一位以裸体表演而著名的女电影明星常常患的是皮疹而不是喉炎。因为她的情况与摔跤运动员相同，显露皮肤对于她至关重要。因此她患的疾病与摔跤运动员同属一类，而与其他女演员所患的病很不相同。

寻求安抚的要求越强烈，疾病就越严重。人生一世，只有摇篮中的婴儿才受到最精心的照料和保护。病倒卧床造成十分有利的条件，使我们能重新得到孩提时代得到的安抚和关心。我们可能会认为自己是在服用一剂猛药，实际上这是我们需要的强烈安全感，安全感能治愈我们的疾病。（这并不是暗示我们装病，无须装病，症状是真实的；但病症行为是因，不是果。）

在某种程度上，我们大家不仅在享受梳理方面遭遇挫折，而且在给别人提供梳理中也不得意。犹如病因一样，从照料病人中得到满足和病人"想要"从生病中得到照料一样，也是人的基本需要。有些人照料他人的愿望十分强烈，他们也许会积极地促成或延长同伴的疾病，以便能更加充分地表现自己的安抚冲动。这可能导致恶性循环，使梳理者和被梳理者之间的关系畸形发展，变得反常，以至出现毫无道理的要求长期照顾别人（或得到人家长期的照顾）的现象。如果道破这样"互相梳理"的真实原因，他们一定会断然否定。但令人惊奇的是，一旦梳理者与被梳理者（即护士与病人）的关系发生剧变，就会出现神奇的疗效。运用信仰疗法的人如果充分利用这种情况，常常会收到令人惊诧的效果。可惜，他们遇到的许多病人除了致病的原因外，其身体本身已受到疾病的损害。信仰疗法者还有一个难题："与梳理性邀请有关的小恙"如果拖得太久，或病情过于严重，很可能就会造成难以治疗的创伤。一旦出现这种情况，那就必须进行认真而又合理的治疗了。

迄今为止，我一直在集中讨论人类安抚行为的社会性。我们看到这方面的长足进步，但这并不能排除或代替较为简单的自我清洗和自我安抚的行为。和其他灵长类动物一样，我们仍需要挠痒、揉眼、挑疮、舔舐伤口；和它们一样，我们也很喜欢晒太阳。此外我们还学会了其他一些特别的文化模式，最常见和最普遍的是用水洗涤。某些灵长类动物偶尔也洗洗澡，但这种情况并不多见。在人类的大多数社群中，洗澡已成为清洗身体的主要办法。

洗澡有明显的好处。但是，我们的皮脂腺分泌的油脂和盐类具有消毒和保护作用，经常清洗会增加皮脂腺的负担，因而使皮肤在某种程度上更容易患病。皮肤之所以没有生病，仅仅是因为我们在清除油脂和盐类的同时，也清除了致病的污垢。

除了保持清洁卫生之外，一般安抚行为还包括保持适当的体温。如同所有的哺乳动物和鸟类一样，我们人类的体温既高又稳定，这可以大大提高生理活动的效率。不论外界气温如何，健康人的体内温度变化都不会超过华氏3度。体内温度每天都有一个变化节律，下午稍晚时最高，凌晨4点钟最低。一旦外界温度变得过冷或过热，我们马上就有极不舒服的感觉。这种不舒服的感觉就像早期预警系统，让我们警觉起来，采取紧急措施，以免体内器官因温度过高或过低而受到损害。除了促使我们采取理智和自觉的行动以外，肌体本身还会自动采取某些步骤来稳定体温。环境温度升高时，血管舒张，体表温度上升，热量通过皮肤表面散发出去，同时我们还会大量出汗。人体大约有200万个汗腺，在最热的情况下汗腺排出的汗液可达1升。汗液在体表蒸发是另一种宝贵的散热形式。我们在适应较热的环境时，排汗效率就明显提高。这一功能非常重要——因为无论我们是何种族，在最高气温下体内所能承受的温度变化只能是升高华氏0.4度。

如果外界环境变得过冷，人体的反应是血管收缩、全身战栗。血管收缩有助于保持体内热量；而战栗产生的热量是静止时的3倍。皮肤如长期处于严寒之中，血管又一直收缩，那就会造成冻伤。我们的手部具有非常重要的内在的抗冻伤系统。遇到严寒，手最初的反应是血管急剧收缩；大约5分钟后，血管又反过来开始舒张，手发热变红。（凡是在冬天滚过雪球的人都有这种感觉。）以后，手部血管的收缩和舒张交替出现。收缩能减少热量的损失；而舒张则可防止冻伤。长期生活在严寒的气候下，人体会以种种形式逐渐适应环境，其中包括基础代谢的速度略微加快。

　　人类如今已遍布世界各地。除了生物的体温控制机能以外，我们还有了重要的文化手段来维持体温。我们学会了用火，缝制了衣服，修建了隔热的住房防止热量散失，我们应用了通风和制冷设备以防止温度过高。这些进步尽管令人难忘、激动人心，但丝毫没有改变人体的温度。这一切只是用来控制外界温度，以便我们在各种各样的外在条件下仍能维持原始的灵长类动物的温度。近年有人宣称，特殊的冷冻技术能够长期维持生命，但那仅限于科幻文艺而已。

　　在结束体温调节反应这一主题以前，有关排汗的一个特性值得一提。对人类的排汗所做的详细研究表明，排汗反应并不像人们最初看起来那么简单。温度升高时，身体表面的大多数地方自发地开始排汗，这无疑是汗腺系统固有的基本反应。但是，有些部位对其他刺激也能作出排汗的反应，不管外界温度如何都会出汗。例如，吃辛辣的食物就会引起面部出汗这一特殊的排汗模式。情绪紧张立刻就会引起手掌、脚心、腋窝甚至额头出汗，但身体其他部位则不会出汗。因情绪紧张而出汗的部位还有进一步的区别，手掌和脚心反应就不同于腋窝和额头的反应。手掌和脚心只有在情绪紧张时才会出汗，而腋窝和额头在情绪和温度两种刺激下均会出汗。由此可见，手掌和脚心从温度控制系统"借用"了排汗的反应，并且把这种反应运用于新的功能环境。由于紧张而使手和脚潮润似乎已经成为身体在危急关头作出的"准备应付任何挑战"的反应特征。从某种意义上讲，人在用斧头前向手心吐唾沫就是与此相同的非生理反应。

　　手掌出汗的反应十分敏感。一旦群体的安全受到威胁，整个社区或民族在这方面的反应就会突然增强。在最近的政治危机中，核战争的可能性曾一度增长，研究手掌出汗的一切实验只得作罢。因为这种反应的基本水平已不正常，继续实验已毫无意义。算命先生观察手相不一定能预见未来；但是，生理学家看过我们的手掌以后，倒可以说出我们对未来的恐惧。

第八章

人与动物

迄今为止，我们一直在讨论裸猿自身的行为，以及它对待同类的行为即种内行为，现在要讨论的是裸猿对待其他动物的行为即种际行为。

所有的高级动物都意识到，在自己的生存环境中，至少还存在着其他种类的动物。它们以下列五种方式之一来看待其他动物：被猎者、共生者、竞争者、寄生者或猎杀者。就我们人类而言，看待动物的这五种方式大概可以统称为"经济的"观点。除此之外，还可以从科学的、审美的和象征的角度来看待动物。我们对其他动物的兴趣非常广泛，这就使人类与动物界的种际关系十分独特。为了便于客观地进行阐释和理解，我们必须从各个角度逐一对种际关系进行研究。

由于裸猿天性喜欢探索，对食物又采取什么都可以吃的机会主义态度，我们猎物的种类就十分广泛。在有些地方的某个时期，裸猿甚至捕杀和食用所有的动物。在一处史前遗址中我们发现，50 万年以前，裸猿仅在一个地方捕食的动物就有野牛、马、犀牛、鹿、熊、羊、猛犸、骆驼、鸵鸟、羚羊、水牛、野猪和鬣狗。编写一本稍后时代里裸猿的"物种菜单"是毫无意义的，但是值得一提的是，我们的食肉行为有一个特征：我们倾向于有选择地驯化某些猎物。虽然我们有时几乎什么都吃，但是我们的主要食物却局限在几种动物身上。

驯化动物要靠有组织地控制和选育猎物。人类驯养动物的历史至少有 1 万年，在有些地方还不止 1 万年。最早驯化的动物似乎是山羊、绵羊和驯鹿。随着固定的农业社区的兴起，猪、牛（包括亚洲水牛和牦牛）也加入了这一行列。有证据表明，远在4000年前，牛就有好几个不同的品种了。山羊、绵羊和驯鹿是直接将捕获的猎物驯化以后放牧的；相反，猪和牛起初是抢食庄稼的野兽，它们以这种身份和人建立密切的联系。人类一开始种植庄稼，猪和牛就闯入人的领地，趁机享用丰饶而又新鲜的食物资源，结果自己反倒被早期的农夫捕获，豢养起来成了家畜。

在我们捕获的小型哺乳动物中，只有兔子驯化的历史比较悠久，但比猪和牛的驯化似乎要晚得多。在捕获的鸟类中，数千年以前就被驯化的种类主要有鸡、鸭、鹅；其次才是雉、珍珠鸡、鹌鹑与火鸡。驯化历史较长的鱼只有罗马鳝、鲤鱼和金鱼。然而金鱼很快就成为观赏性动物而不再用作食物。人类对鱼的驯化只是最近2000年的事，而且在我们有组织地捕食动物的活动中，其作用微乎其微。

种际关系的第二种是共生关系。共生关系的意义可以界定为不同种类的两种动物联合起来、互助互利的关系。动物界有许多这样的例子，最著名的是食蜱鸟与犀牛、长颈鹿及水牛等大型有蹄类动物之间的伙伴关系。食蜱鸟捕食有蹄类动物皮肤上的寄生虫，有助于它们的身体健康和皮肤清洁；而后者则为前者提供宝贵的食物资源。

人类与动物的共生关系中，所谓的互利实则是对人类更加有利。但是，因为我们并不杀死这些动物，它们与我们的关系自然不同于更为残酷的猎物与捕杀者的关系，所以这种关系仍然自成一类。我们是以饲养和照料它们为代价来利用这些动物的。这是不平等的共生现象，因为我们控制着局势，我们的动物伙伴几乎没有，甚至完全没有选择余地。

无疑，我们历史上最古老的共生伙伴是狗。我们还不能确定，我们的祖先是何时开始驯化这种宝贵动物的，至少可能是在1万年以前。这一驯化过程十分有趣。狗的祖先是形状如狼的野生动物，它肯定是我们以狩猎为生的祖先的激烈竞争对手。人的祖先和狗的祖先都是合作围猎大型动物的猎手。最初他们之间毫无好感可言；但是，野狗具有我们人类没有的特殊本领。在狩猎活动中它们有围捕和驱赶猎物的特长，而且动作敏捷迅速，嗅觉和听觉十分敏锐。如果能用一部分食物作代价去利用狗的特长，倒是一桩很好的交易。后来这桩交易搞成了，但是我们无从准确知道狗与人的种际关系的形成经过。可能最初人把小狗带回部落居住地，准备养肥了食用，不料这些狗夜间警觉，可以作为看门狗。因此，家犬很早就受到人的喜爱。人们让狗生活在驯化条件下，而且还让它们随男性一起外出打猎。在协助追猎中，狗很快表现出善于奔跑的特长。由于这些狗是人们一手养大的，它们就把自己看成是裸猿群体中的一员，自动与豢养它们的主人合作。经过若干代的选育，人们清除了其中的捣乱分子，培育出经过改良的家养猎狗。新型的猎狗就听人使唤、容易驾驭了。

有人说，正是由于人与狗共生关系的发展，早期驯化有蹄类动物才有可能。在真正的农业生产时代到来以前，山羊、绵羊和驯鹿已经一定程度上处于人的控制之下了。由于良种犬能大规模、长时间地协助围猎这些动物，因此被认为是驯化这些动物的主要因素。对今天的牧羊犬和野狼的追逐行为进行研究后发现，两者的捕猎技巧非常相似，这些研究为有蹄类动物的驯化过程提供了强有力的证据。

在随后的时代里，经过精心的选育，人类培养出多种具有特殊用途的共生犬。原始的猎犬没有分工，被用在打猎的各个阶段；原始猎犬的后代则精于打猎活动的某一个方面。某方面能力特别发达的狗通过同系繁殖来加强其特殊的优势。我们已经看到，精于谋略的狗被培养成照看羊群、围赶家畜的牧羊犬；嗅觉敏锐的狗被培养成跟踪猎物气味的追踪犬；擅长奔跑、行动敏捷的狗被培养成追猎犬；另有一些视觉发达的狗被用来追捕看得见的猎物；另一些狗被培养成猎物搜索狗，人们利用和强化这种狗发现猎物后"立定"的特点（猎物指示犬和定位犬）；还有一种狗经过改良专门用来发现和叼回猎物（衔回猎物的狗）；体形较小的狗则被培养成消灭害兽的狗；原始的看门狗经过遗传改良发展成警戒犬（獒）。

除了这些比较普遍的用途之外，另有一些狗经过选育用来完成更加特殊的工作。最奇特的例子是古代美洲印第安人豢养的一种无毛狗。经过遗传选育，这种狗全身光滑无毛，体表温度很高，被用作睡觉时原始形式的热水袋。

到了晚近一些时候，人们把狗饲养起来当作役畜，去拖雪橇或拉车；在战争时期当作信使或探雷犬；当作营救员去寻找埋在雪中的登山运动员；当作警犬去跟踪和攻击罪犯；当作向导为盲人引路；甚至还可以代替宇航员到太空旅行。与我们人类处于共生关系的其他动物都不能以如此繁复多样的形式为人服务。即使是在技术突飞猛进的今天，狗仍然在许多方面发挥着积极的作用。尽管数百种狗里的许多种只有突出的观赏作用，但是，狗为人类承担重任的日子还远远没有结束。

狗是人类非常出色的狩猎伙伴，我们很少尝试驯养其他动物来承担这一特殊任务。只有猎豹和某些猎鸟，特别是猎鹰例外。但是，人类对这些动物还不能进行有控制的繁殖，更谈不上选育了。人们经常需要对它们进行个别训练。亚洲有一种能潜水的鸬鹚被用作渔民捕鱼的得力助手。把鸬鹚下的蛋带回家让母鸡孵化，小鸬鹚再由人一手养大。训练鸬鹚捕鱼时，将其拴在绳子一端；捕鱼时，在其脖子上套一颈圈，以防它吞鱼。这样，鸬鹚就把捉到的鱼带到船上吐出来。但人们尚未尝试用选育的办法来改良鸬鹚的品种。

另一种利用动物的古老形式是用小型食肉动物来消灭害兽。这是农业生产出现以后才出现的驯化。由于囤积粮食，啮齿类动物开始肆行于仓廪之间，用动物来捕杀啮齿动物便应运而生。猫、雪貂、猫鼬等就开始为我们帮忙。通过选育，前两种动物已被完全驯化了。

也许最重要的一种共生关系是利用大动物作役畜。马、亚洲野驴、非洲野驴、牛（包括水牛和牦牛）、驯鹿、骆驼、美洲驼（无峰驼）和大象都广泛地得到利用。经过选育，这些野生动物都得到"改良"，只有亚洲野驴和大象例外。四千多年前，苏美尔人就把驴子作为役畜，但是引进更容易驾驭的马以后，驴就不再用作役畜。虽然大象仍被当作役畜使用，但大象的良种繁殖难度很大，因而选育一直无法进行。

人与动物的另一种关系是把动物当作产品的源泉。这些动物不被宰杀，所以这一角色的动物不能被视为猎物。我们只是从它们身上获取某些东西：从牛、马和山羊身上挤奶，从绵羊和羊驼身上剪毛，让鸡鸭下蛋，叫蜜蜂酿蜜，要蚕吐丝。

除了作为狩猎的伙伴、害兽的捕杀者、役畜、产品的源泉等主要类型外，有些动物还以更奇特的方式与人建立起共生关系。鸽子被驯化成信使，几千年来人们一直在利用它那惊人的返家本领。人与鸽子的关系在战争期间变得更加密切。近代出现了一种反共生关系的现象，其形式是训练猎鹰来截击信鸽。另外，经过长期选育，人们培养出暹罗斗鱼和斗鸡作为赌博手段。豚鼠和白鼠被广泛用在医学上，作为实验室里的"活的试验台"。

这些主要的共生动物被迫与足智多谋的人类结成伙伴关系。它们得到的好处是不再被人类当作敌人，因而它们的数量戏剧性地增长。就世界范围的数量来看，这些动物是十分成功的。然而这种成功是有条件限制的成功。它们付出的代价是失去了演化的自由，它们丧失了遗传的独立性。它们虽然受到精心的饲养，但它们的繁殖却受到人类种种奇异念头的控制。

除了猎物和猎手的关系、共生伙伴关系之外，动物与人的第三种关系是竞争关系。凡是与人争夺食物、争夺生存空间或干扰我们有效生活的动物都会被无情地消灭掉。我们无须列举这些动物的名字。实际上，既不能食用又不具备共生意义的动物都要受到攻击和消灭，这种做法至今仍在世界各地继续。与人类竞争的较小的动物只是偶尔受到伤害，但危险的竞争者却很难逃脱人的捕杀。过去，与我们亲缘关系最为密切的灵长类动物正好是对我们威胁最大的竞争对手；今天，在灵长类大家族中，我们是唯一的成功者，这绝不是偶然的。大型食肉动物是另一类危险的竞争对手。凡是裸猿人口达到一定密度的地方，这些动物就被消灭殆尽。例如在欧洲，裸猿有人满之患，而大型动物几乎绝迹。

接下来的一种关系是人与寄生性动物的关系，它们的未来就更为凄凉。我们可能会为失去一种迷人的食物竞争对手而伤心，但谁也不会为跳蚤的减少而掉泪。由于医学的进步，寄生虫对人的困扰日益减轻。随之而来的是，其他动物受到额外的威胁。一旦消灭了寄生虫，我们就更加健康，人口就会以更加惊人的速度增长，于是，消灭所有弱小竞争对手的需要就更为迫切。

第五种关系是人与食肉动物的关系，它们也在日趋消亡。人类从来也未真正成为任何动物的主要食物。就我们所知，在各个历史阶段，人类的数量从来也没有因为食肉动物的存在而急剧减少。但是大型食肉动物，如狮、虎、豹和豺狼，巨大的鳄鱼、鲨鱼和食肉鸟不时要袭击和骚扰人类，如今它们只能苟延残喘了。具有讽刺意味的是，杀人最多的动物（寄生虫除外）并不吃掉它杀死的人那富有营养的尸体。人类的这一死敌就是毒蛇。我们下面就会看到，蛇是高等动物中最令人憎恨的动物。

这五类种际关系即被猎、共生、竞争、寄生和猎杀的关系同样见诸其他动物之间的关系。从根本上讲，这并非人类独一无二的特征。我们在这些关系上只是比其他动物走得更远，这五种关系的类别却是一样的。我在前面已经谈过，这些关系可以笼统地看成是从经济角度划分的关系。此外，我们对动物还有自己特有的态度：科学的、审美的和象征的态度。

科学的和审美的态度是人类强烈探索欲望的表现。我们生性好奇，喜欢刨根问底，这促使我们去探究一切自然现象。动物界自然成为我们注意的中心。对动物学家来说，所有的动物都是或应该是同样有趣的。他们认为动物没有好坏之分，他们是为探索而探索。审美的态度也是出自这种基本的探索欲望，只是给动物命名的术语不同罢了。在对动物进行审美研究时，动物繁复多样的形态、色彩、模式和行为被看成是美的对象，而不是分析系统。

象征的态度则全然不同。它既不涉及经济价值，也不涉及探索欲望，而是把动物当作概念的人格化。如果某种动物相貌凶残，它就会成为战争的象征。如果看起来笨拙可爱，它就可能成为儿童的象征。至于这种动物是否真是凶残或可爱，那是无关紧要的。由于这不是科学研究，所以人们并不去考究它的真实本性如何。这种可爱的动物可能长有尖牙利齿，生性凶残好斗；但只要这些特征不明显，而其憨态可掬又十分突出，它就能被人完全接受，作为儿童理想的象征。就作为象征的动物而言，我们并不要求其象征意义恰如其分，只要求表面如此就行了。

对动物持象征的态度曾被称为将"动物人格化"（anthropoidomorphic）的态度，后来，这一笨拙难看的术语被好心地缩写为"拟人化"（anthropomorphic）。尽管这个词仍有些佶屈聱牙，但它如今已被普遍使用。科学家在使用这个词时不免带有一点贬义，他们认为完全有理由鄙视这个词。然而，如果要对动物界进行有意义的研究，他们就必须不惜一切代价采取客观的态度。不过，这听起来很容易做起来难。

除了有意将动物看作是偶像、意象和象征之外，始终有一些微妙、隐蔽的压力使我们把其他动物看作人类自身的形象。即使是老练的科学家也可能脱口而出："喂，老伙计！"尽管他非常清楚狗听不懂话，可他禁不住要这样说。使我们情不自禁地将动物人格化的压力是什么性质？为什么这样的压力如此难以克服？我们为什么看到某些动物就会赞叹"啊"？看见另一些动物就会说"呸"？这不是鸡毛蒜皮的小问题。我们现行的文化在种际关系里投入了大量的精力。我们喜欢某些动物，对它们充满了温情，而对另一些动物又极端厌恶。仅仅从经济价值和探索欲望来考虑人的爱憎是无法解释清楚的。显然，我们接受的物种信号在我们内心激发起某种未曾想到的基本反应。如果认为我们以动物的身份去看动物，那是自欺欺人。我们宣称动物迷人可爱，不可抗拒或阴森可怕。但是，我们喜爱或憎恨动物的原因何在呢？

要回答这个问题，首先必须搜集材料。我们的文化究竟喜爱哪些动物、憎恨哪些动物？这种好恶又如何随年龄和性别的不同而变化？要做出可靠的论述必须广泛地搜集大量的证据。为了获得证据，我们曾对8万名4—14岁的英国儿童做过调查。在一次动物园电视节目中，我们提出两个简单的问题："你最喜欢哪种动物？""你最不喜欢哪种动物？"我们从大量的回答中进行抽样，对每个问题都随意选出1.2万份答案进行分析。

首先看种际之"爱"：各种动物受到人类宠爱的程度如何呢？其统计数字如下：97.15％的儿童最喜爱的是某种哺乳动物。喜爱鸟类的儿童仅占1.6％；喜爱爬行类的仅占1.0％；喜爱鱼类的占0.1％；喜爱无脊椎类动物的仅占0.1％；喜爱两栖类动物的仅占0.05％。很显然，哺乳动物具有某种逗人喜爱的特征。

（也许应该指出，回答是书面形式而不是口头形式。要把儿童拼写的名字与所指的动物对上号有时比较困难，年幼的儿童所作的回答尤其如此。我们比较容易弄清儿童书写的 loins[狮子]，hores[马]，bores[熊]，penny kings[鹈鹕]，panders[熊猫]，tapers[虎]，leapolds[豹]指的是什么动物，但要弄清他们写的 beffle twigs, the skippingwoorm, the otamus 或 coco-cola beast 指的是些什么动物几乎不可能。因此有关这些可爱动物的答卷只得割爱。）

如果我们只看"最受宠爱的前10名动物"，其具体统计数字如下：① 黑猩猩（13.5％）；② 猕猴（13％）；③ 马（9％）；④ 丛猴（bushbaby）（8％）；⑤ 熊猫（7.5％）；⑥ 熊（7％）；⑦ 大象（6％）；

⑧ 狮子（5％）；⑨ 狗（4％）；⑩ 长颈鹿(2.5％)。

显而易见，对这些动物的偏爱并不受经济价值和审美价值的左右。如果按经济价值排列，前10名动物将与此完全不同。这些动物受儿童宠爱也不是因为它们举止最优美、色泽最漂亮；相反，它们倒相当笨拙、臃肿，色彩也很单调。然而，这些动物却有很鲜明的拟人特征，而孩子们在作出选择时正是对这些特征作出了反应。这是一个不自觉的过程。上述动物一定都具有某些重要的刺激因素，这些因素使我们强烈地感到人的某些特征，使我们对这些特征作出自发的反应，可我们完全意识不到逗人喜爱的东西到底是什么。前10名动物最主要的拟人特征如下：

（1）这些动物都长有毛发，而不是羽毛或鳞片；

（2）它们都有浑圆的外形轮廓（黑猩猩、猕猴、丛猴、熊猫、熊、大象）；

（3）它们的面部扁平（黑猩猩、猕猴、丛猴、熊、熊猫、狮子）；

（4）它们都有面部表情（黑猩猩、猕猴、马、狮子、狗）；

（5）它们可以"操作"某些小物件（黑猩猩、猕猴、丛猴、熊猫、大象）；

（6）它们的体姿有些时候是直立的（黑猩猩、猕猴、丛猴、熊猫、熊、长颈鹿）。

在上述各方面得分越多的动物在前10名中就越是排在前面。非哺乳动物之所以不讨人喜爱，正是由于它们在这些方面表现很差。儿童最喜欢的鸟类动物是企鹅(0.8％)和鹦鹉（0.2％）。企鹅在鸟类动物中名列榜首是因为它身体的姿势最接近直立；与其他鸟相比，鹦鹉在栖木上站立的姿势最直。此外它还有几点长处：那钩状喙使其面部尤显扁平；它进食的方式也很奇特，它不是低头取食，而是用爪子把食物送进嘴里；此外，它还能模仿人说话。遗憾的是尽管它很受欢迎，可是一旦走起路来它的身体就下垂，呈水平状。这样，与保持身体直立、摇摇摆摆行走的企鹅相比，鹦鹉自然要丢分不少，不能与企鹅相比了。

前10名动物中有几个特点值得注意。例如，为什么大型猫科动物中只有狮子入选？答案可能是，只有雄狮的头部附近才长着厚厚的鬃毛，结果使其面部显得扁平（从儿童作画时如何描绘狮子就能清楚地看出这一点），这有助于狮子赢得几分。

在前几章我们已经清楚地看到，面部表情是人类视觉交际的基本形式，而且非常重要。只有少数几种哺乳类动物里的高级灵长类动物以及马、狗和猫才拥有这种比较复杂的交际形式；入选的10名动物中前5名都是这些动物，这不是偶然的。面部表情的变化表现了情绪的变化，这使动物和人类之间有了极宝贵的联系纽带，尽管我们未必能准确把握动物的面部表情。

就操作能力而言，熊猫和大象是出类拔萃的能手。熊猫有细长的腕骨，它可以握住赖以为生的细竹枝。这样的骨骼组织在动物王国中是绝无仅有的。这使脚掌扁平的熊猫在端坐时可以把小东西捡起来送到嘴里。这种人格特征使熊猫极讨人喜欢。大象也能用长鼻子这一独一无二的组织结构来"操纵"小东西，把它送进嘴里。

直立是人的特征。凡是能直立的动物立刻就具有拟人的优势。前10名里的灵长类动物、熊和熊猫都能经常保持坐立的姿势，有时还可以站起来，甚至能用这种姿势跟跟跄跄地走上几步。这一切都能使之赢得宝贵的几分。长颈鹿由于身体的比例关系非常奇特，从某种意义上看，它始终都保持着直立的姿势。狗的拟人社会行为得分很高，但它身体的姿势却令人非常失望，它的身体完全是呈水平状的。我们不愿在这一点上认输，于是，我们用自己的聪明才智迅速解决了这个难题——训练狗坐立起来向人乞求。为了让这可怜的东西在拟人化上走得更远，我们开始把它的尾巴剪短，因为我们自己没有尾巴；由于自己的面部扁平，我们通过选育使狗鼻子的骨骼组织退化。结果，现在许多狗的面部都异常扁平。我们想要狗拟人化的愿望非常苛刻，非得满足决不罢休，即使削弱狗牙齿的功能也在所不惜。然而我们必须记住，我们对待狗的态度纯粹是出自私利。我们并不把狗当作动物看待，仅仅是把它当作我们自身的反映，如果这面镜子过于走样，我们不是让镜子屈从我们自身的形象，就是将镜子抛弃。

以上是讨论4岁至14岁儿童对动物的喜爱。如果按年龄分组，儿童对动物的喜爱就会呈现出某些明显的倾向。随着年龄的增长，儿童对某些动物的偏爱会逐渐减弱，而对另一些动物的偏爱则会逐渐增强。

有关这些倾向的一个意外发现是：儿童对动物的喜爱与动物的某一特征有关，这一特征是动物身体的大小。年幼的儿童喜欢个头较大的动物，而年龄较大的儿童则喜欢较小的动物。为了说明这一关系，让我们以前10名动物中最大的两种动物和最小的两种动物为例。喜欢大象的儿童占总人数的6％，但在4岁儿童中喜欢大象的人高达15％，而在14岁的儿童中却只占3％，其比例逐渐下降。喜欢长颈鹿的比例也同样从10％下降到1％。另一方面，喜欢丛猴的4岁儿童只有4.5％，然后这一百分比逐渐上升，14岁的儿童中有11.9％的人喜欢丛猴。喜欢狗的儿童从4岁的0.5％上升到14岁时的6.5％。在得分最高的前 10 名动物中，儿童对中等大小动物的喜爱就没有明显的变化。

我们可以拟定出两条原理来概括我们现有的发现。动物讨人喜欢的第一条原理是"动物的可爱程度与它具有的人形特征成正比"；第二条原理是"儿童的年龄与他最喜欢的动物的大小成反比"。

我们如何解释第二条原理呢？应当记住，爱好是建立在符号等值的基础上的。所以最简单的解释就是：年幼的儿童把动物看成是父母亲的替代物，而年龄较大的儿童则把动物看成是儿童的替代物。动物不仅使我们想到人类自己，它还必然使我们想到特定类别的人。对于幼儿，父母亲是无比重要的保护者，这种形象支配着儿童的意识。父母亲高大而又友好，因此凡是高大而又友好的动物很容易和父母的形象等同起来。随着年龄的增长，儿童开始表现自我，开始与父母竞争。他们自认为是在控制局势，但是要控制大象和长颈鹿这样的庞然大物却很困难。他们所喜爱的动物只得缩小到可能驾驭的程度。儿童以一种奇特的早熟形式变成了父母，动物则成了孩子的象征。实际上儿童的年龄太小，不能成为真正的父母，只能是象征性的父母。拥有动物因此就具有十分重要的意义，饲养宠物也就发展成为"幼稚的家长行为"。原名叫 galago（丛猴）的这种奇异动物，现在成了儿童的宠物，它获得了一个通俗的名字 bushbaby（灌木丛中的宝宝），这绝不是偶然的。（应该告诫父母，儿童饲养宠物的冲动要在童年晚期才会出现。让过于年幼的儿童饲养宠物是一种失误。他们会把动物当作破坏性探索的对象，或者当作有害的动物来对待。）

动物讨人喜欢的第二条原理中有一个非常明显的例外，这就是儿童对马的喜爱。儿童对马的喜爱有两个不同寻常的方面。按儿童的年龄分析，喜爱马的人数随着年龄的增长而逐渐增多，接着又会随着年龄的进一步增长而减少。其高峰正好是青春发育期的开始。若是按性别分析，喜欢马的女孩比男孩多三倍。儿童对其他动物的喜爱均没有表现出这种性别差异。很清楚，儿童对马的喜爱自有其特殊的地方，需要单独考察。

在目前情况下，马有一个独特之处：它是供人乘骑的动物。这是最受欢迎的前 10 名动物中谁也没有的特点。儿童喜爱马的人数的高峰正好与青春发育期吻合，儿童对马的喜爱有非常明显的性别差异，如果再把马可供人乘骑的特点与上述两点联系起来考虑，就一定会得出结论：儿童对马的喜爱一定带有强烈的性因素。如果我们把骑马与性交的象征意义等同起来，人们可能会感到吃惊，马居然对女孩更有吸引力。然而马是一种强壮有力、肌肉发达的高大动物，更适于充当男性的角色。客观地看，骑马时双腿分开、紧贴马背，再加上一连串有节奏的动作。女孩对马的喜爱是因为马具有阳刚之美，骑马的姿势与动作具有性的象征意义。（这里必须强调指出，我们是把儿童作为一个整体来考虑的。每 11 个儿童中就有 1 个儿童爱马胜过其他动物，而其中只有极少数人确实拥有过马驹或马。确实拥有马的儿童很快就会发现骑马还有更多的乐趣；因此如果他们喜欢马自然应该另当别论。）

有一点还需要解释：为什么青春发育期后喜欢马的少年会逐渐减少？随着性的发展，本来可以指望喜爱马的人逐渐增多，而不是减少。只要把儿童喜爱马的人数曲线与儿童的性表现曲线比较一下就可以找到答案。这两条曲线非常吻合，其原因似乎是：随着性意识的增强，随着少年性情独特的隐私感的增强，对马的喜爱也就随着异性之间公开的"打闹嬉戏"活动的减少而减弱。耐人寻味的是，在这个时期，猴子也不那么逗人喜欢了。许多猴子都有十分明显而又刺眼的性器官，包括一些肥大、粉红色的隆起。这些部位对较小的儿童毫无意义，因而其他明显的"人格"特征照样逗人喜欢，不会受到妨碍。但是对于年龄较大的儿童来说，刺眼的生殖器官就使人感到难堪，猴子讨人喜欢的程度也就受到影响。

这就是儿童"喜爱"动物的情况。成年人对动物的反应差异更大，而且更加微妙复杂，但基本的拟人因素对成年人同样适用。严肃的生物学家和动物学家对这一事实大伤脑筋。但是，只要认识到这种象征性反应并不代表动物的真实本质，这就不仅毫无妨碍，而且还是一条宝贵的疏导情感的辅助途径。

在考虑问题的另一面——对动物的"憎恨"以前，有一种批评意见必须给予答复。有人可能会争论说，上面谈到的结果纯粹是文化所致，因而对于整个人类并无普遍意义。就动物确切的本质而言，这是正确的。显然，首先要知道熊猫的存在，然后才能对它做出反应。人对熊猫不存在先天的反应，但这不是问题的要害；对熊猫的选择可能是由文化决定的，但选择熊猫的原因却反映出更深刻的生物机制在起作用。如果将这一调查运用在其他文化中，逗人喜爱的动物种类可能有所不同，但人们仍然会按我们根本的、象征的需求来选择。动物讨人喜爱的第一条原理和第二条原理仍然会起作用。

现在来看人对动物的"憎恨"。我们可以对统计数字进行类似的分析，前10名令人憎恨的动物如下：① 蛇（27%）；② 蜘蛛（9.5%）；③ 鳄鱼（4.5%）；④ 狮子（4.5%）；⑤ 老鼠（4%）；⑥ 臭鼬（3%）；⑦ 大猩猩（3%）；⑧ 犀牛（3%）；⑨ 河马（2.5%）；⑩ 老虎

（2.5％）。

这些动物有一个共同的重要特征是：它们都十分危险。鳄鱼、狮子和老虎都属食肉类，是嗜杀成性的动物；大猩猩、犀牛和河马一旦被激怒也很可能伤害人；臭鼬老是进行疯狂的化学战，老鼠传播疾病，是对人类有害的动物；毒蛇和毒蜘蛛也很危险。

这些动物里的大多数都没有讨人喜爱的前 10 名动物所特有的拟人特征。只有狮子和大猩猩例外。在讨人喜爱的前 10 名动物和令人憎恨的前 10 名动物中，唯有狮子在两边都榜上有名。儿童对狮子爱恨交织的反应是因为狮子奇特地综合了迷人的拟人特征和凶猛残暴的食肉本性。大猩猩有丰富的拟人特征；可惜其面部表情使人感到它带有攻击性，令人望而生畏。这只不过是它骨骼结构造成的偶然印象而已，其实与它真实（相当温和）的本性无关。再加上它身强力壮，这使它立刻成了凶恶残暴的最好象征。

儿童对前 10 名令人憎恨的动物所作出的反应，有一个最显著的特征，这就是普遍厌恶蛇和蜘蛛。如果说仅仅是因为它们都有毒，那是难以解释清楚的，一定还有其他因素在起作用。分析它们令人厌恶的原因时发现，蛇令人憎恨是因为它"滑腻而又肮脏"；而蜘蛛令人厌恶则是因为它"多毛而又爬行"。这肯定意味着它们具有某种强烈的象征意义，或者是我们人类生来就具有躲避这类动物的强烈反应。

长期以来，蛇一直被视为男性生殖器的象征。既然是有毒的生殖器，它就表示令人厌恶的性欲，这可以在一定程度上解释蛇不受欢迎的原因。但仅此一点是不够的。如果我们考察 4 岁至 14 岁儿童对蛇的憎恨就会发现，蛇不受欢迎的高峰很早，在青春发育期以前就达到高峰期。甚至在儿童 4 岁时憎恨蛇的比例就很高——大约是 30％。

其后，人数比例逐渐上升，6岁时达到顶峰。从此开始，比例才逐渐下降。到了14岁，其比例远远低于20%。尽管在各个年龄阶段女孩的反应较男孩略微强烈，但男女反应之间的区别并不显著。青春发育期似乎也不对少男少女的反应产生影响。

这一证据表明，仅仅把蛇当作强烈的性的象征是难以令人接受的。看来还有一个更大的可能性，人类对蛇形的东西有一种天生的反感。这不仅能解释为什么儿童在十分幼小时对蛇就非常厌恶，而且还能解释，在对动物的反应中为什么唯独对蛇特别憎恨。这与我们所了解的人类的近亲——黑猩猩、大猩猩和猩猩的反应相吻合。这些动物不仅同样惧怕蛇，而且从小就表现出这种恐惧。在很小的猿猴身上固然看不到这种现象，然而一旦它们长到几岁，开始离开母亲安全的怀抱作短暂的出游时，这种恐惧感便已形成。显然，对蛇的反感对猿猴自身的生存有着极重要的意义，人类祖先的生存也从中受益匪浅。尽管如此，仍然有人认为对蛇的恐惧不是天生的，而是一种文化现象，是个人后天学习的结果。据说在与世隔绝的环境中饲养的小黑猩猩第一次看到蛇时，它不会作出害怕的反应。但这些实验说服力不强，其中一些实验使用的黑猩猩年龄太小，如果几年后再做试验可能就会看到害怕的反应；另一方面，隔离会造成十分严重的后果，使幼小的动物智力发展受到阻碍。这类试验的根据是从根本上误解了先天反应的性质。须知，无论外界环境如何，如果处于封闭的环境中，动物的先天反应是不能成熟的。先天的反应首先应该被认为是先天的易感性。要形成对蛇的反应，幼小的黑猩猩或儿童可能需要在早期与一些可怕的东西接触，逐渐学会对这些事物作出否定的反应。相比之下，儿童对蛇的反应表现出更多的先天因素。儿童对蛇的恐惧大大超过对其他动物的恐惧，造成这种差异的原因就是先天因素。正常的小黑猩猩看到蛇所产生的恐惧和人类对蛇的憎恨是很难从其他方面去解释的。

儿童对蜘蛛的反应则是另一种情况，其性别差异十分明显。从 4 岁到 14 岁期间，男孩憎恨蜘蛛的比例逐渐增加，但增长缓慢。到青春发育期为止，女孩中憎恨蜘蛛的比例与男孩相当，此后才急剧增多。到了 14 岁，女孩憎恨蜘蛛的比例已两倍于男孩。这里面似乎有十分重要的象征因素。从人的演化来看，毒蜘蛛对两种性别应同样危险。男女两方都可能对蜘蛛有先天的反应，也可能没有先天的反应；但先天的反应却不能解释为什么在青春发育期憎恨蜘蛛的女孩要急剧增多。唯一的线索是女孩一而再再而三地提到蜘蛛是肮脏的、毛茸茸的家伙。在青春发育期，男女青年体毛开始萌生。对于青少年来说体毛是主要的雄性特征。因而与男孩相比，少女对身体长毛更容易感到烦躁不安（无意识的）。与苍蝇一类的小动物相比，蜘蛛细长的腿更像毛发，更加刺眼，结果，蜘蛛成了体毛最理想的象征。

这些就是人类看到或想到动物时感受到的爱憎感情。这些爱憎情感与我们经济的、科学的和审美的情趣交织在一起，使我们与动物之间特别复杂的种际关系更加复杂；而且，这种关系还要随着我们年龄的增长而变化。概括起来可以说有"七种年龄"的种际反应。第一阶段是婴儿阶段（infantile phase）。此时我们完全依赖双亲，非常喜欢大动物，把它们视作父母的象征。第二阶段是幼儿—父母阶段（infantile-parental phase），此时我们开始与父母竞争，喜欢小动物并把它们作为孩子的替代物。这是喂养宠物的年龄。第三阶段是客观的前成年阶段（objective pre-adult phase）。这时科学的和审美的兴趣开始支配象征的兴趣，是捕捉昆虫、使用显微镜、收集蝴蝶、喂养水生动物的时期。第四阶段是少年阶段（young adult phase）。此间最主要的动物是我们人类的异性成员。除非纯粹从商业经济价值上着眼，其他一切动物都失去了他们的地位。第五阶段是成年父母阶段（adult parental phase）。这时象征性的动物又进入我们的生活，但它们只是我们子女的宠物。第六阶段是后父母阶段（post-parental phase）。这时如果我们失去了自己的孩子，我们就会再一次把动物当作孩子的替代物。（对于无子女的成年人，用动物代替子女的阶段自然会来得早些。）最后是第七阶段，即老年阶段（senile phase）。这一时期的特征是对保护和保存动物有浓厚的兴趣，而且兴趣主要集中在那些濒于灭绝的动物身上。只要这些动物的数量很少而且是在日益减少，我们就会予以关注，至于其他人认为它们是否可爱、是否有用都毫无关系。譬如说吧，虽然儿童都很憎恨日益减少的犀牛和大猩猩，但它们却是老年人关注的中心：它们必须得到"拯救"。符号等值原则显然在起作用：作为个体的人，老年人行将就木，因而他们就把稀有动物作为自己行将就木的象征；老年人要拯救这些动物、使它们不致灭绝的情感反映出他们延年益寿的愿望。

近年来，保护动物的兴趣在某种程度上已波及较年轻的年龄组。很显然，这是无比强大的核武器发展的结果。核武器有着巨大的破坏潜能，可以在顷刻之间灭绝人类，这对我们每个人都是一种威胁。因此，现在我们每个人在感情上都需要保护作为珍奇象征的动物。

我们不应把这种观点视为保护野生动物的唯一理由。我们希望帮助那些困难重重的动物，这在科学和审美上也是完全有道理的。如果我们想要继续享有无比丰富、气象万千的动物界并把野生动物作为科学研究和审美研究的对象，我们就必须帮助这些动物渡过难关。如果任其灭绝，我们的环境就会变得非常单调，这将是十分不幸的。人类有着强烈的探索欲望，我们不能失去如此宝贵的动物资源。

在谈到保护野生动物的问题时，有时也提到经济因素。有人指出，理智地保护和有节制地捕杀一些野生动物有助于世界上那些地方营养不良（蛋白质缺乏）的人民。从短期的观点来看，这是完全正确的。但是如果从长远的观点看问题，事情就不那么乐观了。我们的人口如果继续以目前这种惊人的速度增长，最终的选择要么是牺牲自己，要么是捕杀动物。无论动物在象征意义、科学意义和审美意义上对我们如何宝贵，经济形势的变化将对它们十分不利。无情的事实是：一旦人口达到一定的密度，世界上便不再有其他动物的立足之地。遗憾的是，有人认为动物是我们食物的主要来源，这种说法是经不起推敲的。直接食用植物比将植物转化为动物再吃效率更高。随着居住空间需求的进一步增长，我们最终会采取更为极端的步骤，被迫合成食品。除非我们能大规模地向其他星球移民，减轻人口对地球的负担，或者采取某种方式更严厉地控制人口；否则，在不远的将来我们将不得不从地球上清除所有的其他生物。

如果你觉得这种观点相当危言耸听，请看下列数字。17 世纪末，世界上裸猿的总数只有 5 亿，现已增加到 30 亿。每隔 24 小时人口就会增加 15 万[1]。（从事星际迁徙的权威专家一定会对这个数字感到气馁。）如果保持现在的增长速度，在 260 年的时间内地球表面将会塞满 4 000 亿裸猿——当然，这样的局面是不大可能的。如果是那样，地球表面的人口密度就会达到每平方英里 1.1 万人。换言之，我们在

---

[1]　在这本书问世后的 25 年里，世界人口几乎翻了一番，现在是 50 多亿了。——作者

大城市看到的人口密度就会遍及地球的每一个角落。这对各种野生动物将带来什么后果是不言而喻的。这对我们人类自身的影响也同样是令人沮丧的。

我们无须赘述这样的梦魇，这种可能性要变为现实为时尚早。我在这本书里始终强调，尽管技术在飞跃发展，人类仍然是相当简单的生物现象。尽管人类有着恢宏的思想、高高在上的自负，我们仍然是卑微的动物，受制于动物行为的一切基本规律。远在我们的人口达到以上预见的密度之前，我们早就因为违背管束我们生物本性的规则而崩溃了，我们将不再是地球上主宰一切的动物。我们容易沾沾自喜，认为这一切绝不可能发生，认为我们与众不同，可以不受生物规律的制约，其实不然。许许多多不可一世的动物物种已经灭绝，我们人类也不可能例外。我们迟早要日薄西山，让位给其他动物。如果要让这一天来得晚些而不是早些，我们必须长期而又严肃地把自己看作一种生物，以此意识到自己的局限性。这就是我写本书的原因：我自称为裸猿而不是人，故意侮辱自己，其原因就在这里。这有助于我们把握分寸且知道天高地厚，保持头脑清醒，以便去思考生命表层之下的运行机制。我的满腔热情可能使我说过了头；我本来可以大唱赞歌，可以描绘人类许许多多的辉煌成就，省掉这些辉煌成就难免有些片面。我们人类是无与伦比的物种，我无意否认这一事实，也不想贬低自己。但这些事实已经成了老生常谈。硬币掷起落地时，它似乎总是正面向上；我觉得早该把硬币翻过来看看反面了。遗憾的是，由于和其他动物相比，我们所向披靡，节节胜利，所以我们觉得思考自己卑微的起源会伤害人。因此我不指望写这本书而受人感激。我们像暴发户一样爬到演化的顶端，像一切新贵一样，我们对自己的背景非常敏感，但我们随时都可能露出马脚。

　　有些人非常乐观。他们认为，既然我们有高级的智能和强烈的创造欲望，我们就能驾驭局势，使之往有利的方向发展。他们认为，我们的可塑性强，能重塑自己的生活方式，以适应人类迅速上升的物种地位提出的新要求。他们认为，届时我们能解决人满之患、消除紧张，能够对付由于个人隐私和独立行动丧失而陷入的困境；我们能重建我们的行为模式，像大蚂蚁一样地生活；我们能控制自己的攻击性和领地欲，控制我们的性冲动和多生多育的趋势；即使我们不得不像人工孵化的小鸡，我们也一定能够适应。他们认为，我们的能力足以压倒一切生物冲动。我认为这纯属无稽之谈。人类原始的动物本性决不允许这样的事态。诚然，我们具有可塑性；诚然，我们是行为机会主义者；但我们的机会主义行为遭到严格的限制。我在本书中强调了人类的生物特征，借以说明这些局限的性质。如果人类能清醒地认识并顺从这些局限，我们幸存的可能性就要大些。这不是要天真地"回归自然"。这只是说，我们应使自己理智的机会主义的进步与基本的行为要求相吻合。我们必须提高人口素质，而不仅是增加人口数量。这样做，我们才能继续在科学技术上突飞猛进，在振奋和激动的时刻不否定自己的演化遗产。否则，受到压抑的生物冲动会积蓄起来，最终冲决大坝，精致的生命世界就会被生物冲动的洪水一扫而光。

各章文献

《裸猿》撰写过程中，我参阅了许多著作，难以全部列举。比较重要的文献在此按章节和专题的形式列出。更详细的书目见"主要参考文献"。

第一章 ORIGINS

Classification of primates：Morris, 1965. Napier and Napier, 1967.

Evolution of primates：Dart and Craig, 1959. Eimerl and DeVore, 1965. Hooton, 1947. Le Gros Clark, 1959. Morris and Morris, 1966. Napier and Napier, 1967. Oakley, 1961. Read, 1925. Washburn, 1962 and 1964. Tax, 1960.

Carnivore behaviour：Guggisberg, 1961. Kleiman, 1966. Kruuk, 1966. Leyhausen, 1956. Lorenz, 1954. Moulton, Ashton and Eayrs, 1960. Neuhaus, 1953. Young and Goldman, 1944.

Primate behaviour：Morris, 1967. Morris and Morris, 1966. Schaller, 1963. Southwick, 1963. Yerkes and Yerkes, 1929. Zuckerman, 1932.

第二章 SEX

Animal courtship：Morris, 1956.

Sexual responses：Masters and Johnson, 1966.

Sexual pattern frequencies：Kinsey *et al.*, 1948 and 1953.

Self-mimicry: Wickler, 1963 and 1967.
Mating postures: Ford and Beach, 1952.
Odour preferences: Monicreff, 1965.
Chastity devices: Gould and Pyle, 1896.
Homosexuality: Morris, 1955.

第三章　REARING

Suckling: Gunther, 1955. Lipsitt, 1966.
Heart-beat response: Salk, 1966.
Growth rates: Harrison, Weiner, Tanner and Barnicott, 1964.
Sleep: Kleitman, 1963.
Stages of development: Shirley, 1933.
Development of vocabulary: Smith, 1926.
Chimpanzee vocal imitations: Hayes, 1952.
Crying, smiling and laughing: Ambrose, 1960.
Facial expressions in primates: van Hooff, 1962.
Group density in children: Hutt and Vaizey, 1966.

第四章　EXPLORATION

Neophilia and neophobia: Morris, 1964.
Ape picture-making· Morris, 1962.
Infant picture-making: Kellogg, 1955.
Chimpanzee exploratory behaviour: Morris and Morris, 1966.
Isolation during infancy: Harlow, 1958.
Stereotyped behaviour: Morris, 1964 and 1966.

第五章　AGGRESSION

Primate aggression: Morris and Morris, 1966.
Autonomic changes: Cannon, 1929.
Origin of signals: Morris, 1956 and 1957.
Displacement activities: Tinbergen, 1951.
Facial expressions: van Hooff, 1962.
Eye-spot signals: Coss, 1965.

Reddening of buttocks: Comfort, 1966.
Redirection of aggression: Bastock, Morris and Moynihan, 1953.
Over-crowding in animals: Calhoun, 1962.

第六章　FEEDING

Male association patterns: Tiger, 1967.
Organs of taste and smell: Wyburn, Pickford and Hirst, 1964.
Cereal diets: Harrison, Weiner, Tanner and Barnicott, 1964.

第七章　COMFORT

Social grooming: van Hooff, 1962. Sparks, 1963. (I am particularly indebted
　　to Jan van Hooff for inventing the term "Grooming talk".)
Skin glands: Montagna, 1956.
Temperature responses: Harrison, Weiner, Tanner and Barnicott, 1964.
"Medical" aid in chimpanzees: Miles, 1963.

第八章　ANIMALS

Domestication: Zeuner, 1963.
Animal likes: Morris and Morris, 1966.
Animal dislikes: Morris and Morris, 1965.
Animal phobias: Marks, 1966.
Population explosion: Fremlin, 1965.

主要参考文献

Ambrose, J. A., "The smiling response in early human infancy" (Ph.D.thesis, London University, 1960), pp.1 – 660.

Bastock, M., D. Morris, and M. Moynihan, "Some comments on conflict and thwarting in animals", in *Behaviour* 6 (1953), pp.66 – 84.

Beach, F. A. (Editor), *Sex and Behaviour* (Wiley, New York, 1965).

Berelson, B. and G. A. Steiner, *Human Behaviour* (Harcourt, Brace and World, New York, 1964).

Calhoun, J. B., "A 'behavioural sink'," in *Roots of Behaviour*, (ed. E. L. Bliss) (Harper and Brothers, New York, 1962), pp.295 – 315.

Cannon, W. B., *Bodily Changes in Pain, Hunger, Fear and Rage* (Appleton-Century, New York, 1929).

Clark W. E. le Gros, *The Antecedents of Man* (Edinburgh University Press, 1959).

Colbert, E. H., *Evolution of the Vertebrates* (Wiley, New York, 1955).

Comfort, A., *Nature and Human Nature* (Weidenfeld and Nicolson, 1966).

Coss, R. G., *Mood Provoking Visual Stimuli* (University of California, 1965).

Dart, R. A. and D. Craig, *Adventures with the Missing Link* (Hamish Hamilton, 1959).

Eimerl, S. and I. Devore, *The Primates* (Time Life, New York, 1965).

Ford, C. S., and F. A. Beach, *Patterns of Sexual Behaviour* (Eyre and Spottiswoode, 1952).

Fremlin, J. H., "How many people can the world support?", in *New Scientist* 24 (1965), pp.285 – 287.

Gould, G. M. and W. L. Pyle, *Anomalies and Curiosities of Medicine*

(Saunders, Philadelphia, 1896).

Guggisberg, C. A. W., *Simba. The Life of the Lion* (Bailey Bros. and Swinfen, 1961).

Gunther, M., "Instinct and the nursing couple", in *Lancet* (1955), pp. 575 – 578.

Hardy, A. C., "Was man more aquatic in the past?", in *New Scientist* 7 (1960), pp. 642 – 645.

Harlow, H. F., "The nature of love", in *Amer, Psychol*, 13 (1958), pp. 673 – 685.

Harrison, G. A., J. S. Weiner, J. M. Tanner an N. A. Barnicott, *Human Biology* (Oxford University Press, 1964).

Hayes, C., *The Ape in our House* (Gollancz, 1952).

Hooton, E. A., *Up from the Ape* (Macmillan, New York, 1947).

Howells, W., *Mankind in the Making* (Secker and Warburg, 1960).

Hutt, C. and M. J. Vaizey, "Differential effects of group density on social behaviour", in *Nature* 209 (1966), pp. 1371 – 1372.

Kellogg, R., *What Children Scribble and Why* (Author's edition, San Francisco, 1955).

Kinsey, A. C., W. B. Pomeroy and C. E. Martin, *Sexual Behaviour in the Human Male* (Saunders, Philadelphia, 1948).

Kinsey, A. C., W. B. Pomeroy, C. E. Martin and P. H. Gebhard, *Sexual Behaviour in the Human Female* (Saunders, Philadelphia, 1953).

Kleiman, D., "Scent marking in the Canidae", in *Symp. Zool. Soc.* 18 (1966), pp. 167 – 177.

Kleitman, N., *Sleep and Wakefulness* (Chicago University Press, 1963).

Kruuk, H., "Chan-system and feeding habits of Spotted Hyenas", in *Nature* 209 (1966), pp. 1257 – 1258.

Leyhausen, P., *Verhaltensstudien an Katzen* (Paul Parey, Berlin, 1956).

Lipsitt, L., "Learning processes of human newborns", in *Merril-Palmer Quart. Behav. Devel.* 12 (1966), pp. 45 – 71.

Lorenz, K. King Solomon's Ring (Methuen, 1952).

Lorenz, K., *Man Meets Dog* (Methuen, 1954).

Marks, I. M. and M. G. Gelder, "Different onset ages in varieties of phobias", in *Amer. J. Psychiat.* (July 1966).

Masters. W. H., and V. E. Johnson, *Human Sexual Response* (Churchill, 1966).

Miles, W. R., "Chimpanzee behaviour: removal of foreign body from companion's eye", in *Proc. Nat. Acad. Sci.* 49 (1963), pp.840 - 843.

Monicreff, R. W., "Changes in olfactory preferences with age", in *Rev. Laryngol.* (1965), pp.895 - 904.

Montagna, W., *The Structure and Function of Skin.* (Academic Press, London, 1956).

Montagu, M. F. A., *An Introduction to Physical Anthropology* (Thomas, Springfield, 1945).

Morris, D., "The causation of pseudofemale and pseudomale behaviour", in *Behaviour* 8 (1955), pp.46 - 56.

Morris D., "The function and causation of courtship ceremonies", in *Fondation Singer Polignac Colloque Internat. Sur L' Instinct, June 1954* (1956), pp. 261 - 286.

Morris, D., "The feather postures of birds and the problem of the origin of social signals", in *Behaviour* 9 (1956), pp.75 - 113.

Morris, D., " ' Thpical Intensity ' and its relation to the problem of ritualization". *Behaviour* 11 (1957), pp.1 - 12.

Morris. D., *The Biology of Art* (Methuen, 1962).

Morris. D., "The response of animals to a restricted environment", in *Symp. Zool. Soc. Lond.* 13 (1964), pp.99 - 118.

Morris. D., *The Mammals: A Guide to the Living Species* (Hodder and Stoughton, 1965).

Morris. D., "The rigidification of behaviour". *Phil. Trans. Roy. Soc. London*, B.251 (1966), pp.327 - 330.

Morris. D. (editor), *Primate Ethology* (Weidenfeld and Nicolson, 1967).

Morris, R. and D. Morris, *Men and Snakes* (Hutchinson, 1965).

Morris, R. and D. Morris, *Men and Apes* (Hutchinson, 1966).

Morris. R. and D. Morris, *Men and Pandas* (Hutchinson, 1966).

Moulton, D. G., E. H. Ashton and J. T. Eayrs, "Studies in olfactory acuity. 4. Relative detectability of n-Aliphatic acids by dogs", in *Anim. Behav.* 8 (1960), pp.117 - 128.

Napier, J. and P. Napier, *Primate Biology* (Academic Press, 1967).

Neuhaus, W., "Über die Riechschärfe der Hunde für Fettsäuren", in *Z. vergl. Physiol.* 35 (1953), pp.527 - 552.

Oakley, K. P., *Man the Toolmaker.* Brit. Mus. (Nat. Hist.), 1961.

Read, C., *The Origin of Man* (Cambridge University Press, 1925).

Romer, A. S., *The Vertebrate Story* (Chicago University Press, 1958).

Russell, C., and W. M. S. Russell, *Human Behaviour* (André Deutsch, 1961).

Salk, L., "Thoughts on the concept of imprinting and its place in early human development", in *Canad. Psychiat. Assoc. J.* 11 (1966), pp.295 – 305.

Schaller, G., *The Mountain Gorilla* (Chicago University Press, 1963).

Shirley, M. M., "The first two years, a study of twenty-five babies". Vol. 2, in *Intellectual development. Inst. Child Welf. Mongr.*, Serial No. 8 (University of Minnesota Press, Minneapolis, 1933).

Smith, M. E., "An investigation of the development of the sentence and the extent of the vocabulary in young children", in *Univ. Iowa Stud. Child. Welf.* 3, No.5 (1926).

Sparks, J., "Social grooming in animals", in *New Scientist* 19 (1963), pp.235 – 237.

Southwick, C. H. (Editor), *Primate Social Behaviour* (van Nostrand, Princeton, 1963).

Tax, S. (Editor), *The Evolution of Man* (Chicago University Press, 1960).

Tiger, L., Research report: Patterns of male association, in *Current Anthropology* (Vol. Ⅷ, No. 3, June 1967).

Tinbergen, N., *The Study of Instinct* (Oxford University Press, 1951).

Van Hooff, J., "Facial expressions in higher primates", in *Symp. Zool. Soc. Lond.* 8 (1962), pp.97 – 125.

Washburn, S. L. (Editor), *Social Life of Early Man* (Methuen, 1962).

Washburn, S. L. (Editor), *Classification and Human Evolution* (Methuen, 1964).

Wickler, W., " Die biologische Bedeutung auffallend farbiger, nackter Hautstellen und innerartliche Mimikry der Primaten ", in *Die Naturwissenschaften* 50 (13) (1963), pp.481 – 482.

Wickler, W., Socio-sexual signals and their intra-specific imitation among primates, in *Primate Ethology*, (Editor: D. Morris) (Weidenfeld & Nicolson, 1967), pp.68 – 147.

Wyburn, G. M., R. W. Pickford and R. J. Hirst, *Human Senses and Perception* (Oliver and Boyd, 1964).

Yerkes, R. M. and A. W. Yerkes, *The Great Apes* (Yale University Press, 1929).

Young, P. and E. A. Goldman, *The Wolves of North America* (Constable, 1944).

Zeuner, F. E., *A History of Domesticated Animals* (Hutchinson, 1963).

Zuckerman, S., *The Social Life of Monkeys and Apes* (Kegan Paul, 1932).

译后记

"裸猿三部曲"中译本，从复旦到上海译文

2009 年 3 月，复旦大学出版社的张永宏先生委托我翻译德斯蒙德·莫利斯的"裸猿三部曲"。彼时，《裸猿》已有 6 个中译本（大陆 5 本，台湾 1 本）。久负盛名的复旦选中我的译本，深以为幸。

次年 3 月，这套精装精印的三部曲面世，定价较高，却洛阳纸贵，且引起评论界的超常关注。4 月，北京的《科学时报》、深圳的《晶报》、西安的《华商报》约我访谈，整版报导。7 月 14 日，《南方周末》又刊发我的文章《"裸猿三部曲"的警世基调》，自此，复旦版中译本"裸猿三部曲"传遍媒体和书界。

2019 年年底，上海译文出版社的刘宇婷小姐来电来信报告喜讯，准备再版我这个三部曲中译本，令人喜之不禁。何况《裸猿》还是 50 周年纪念版！

近日检索，发现豆瓣网的"裸猿三部曲"评分为 8.6，很高。2020 年 3 月 3 日上午 11 时，上中国知网以"参考文献"＋"裸猿"进行检索，得 15 878 条结果。一路畅销的复旦版《裸猿》发行数万册，仍势头不减，令人瞩目，值得再版。

细察第二版译文，必要时又对照原文校订，细读慢校，力求完

美，凡是可以顺一顺的文字都予以订正。本文最重要的修订是将"整饰"改为如今读书人更加习惯的"梳理"。

中译本第三版的亮点是：

1994 年的作者自序

2017 年的作者自序

2017 年的弗朗斯·德瓦尔序言

这两篇最新的序言精彩纷呈，不忍割爱，容我摘抄几句话。

1967 年"撞上"《裸猿》时，弗朗斯·德瓦尔正在荷兰读本科。他的荷兰老师傲慢地说，《裸猿》"没有任何严肃的内容"。德瓦尔写道："他满脸不屑、厌恶。那时，我还没有听说过这本书，但教授的抨击使我好奇，我迫不及待地跑出去买了一本。《裸猿》令人耳目一新……自此，我一直喜欢这本书。"

他又写道，《裸猿》"仍然雄踞畅销书榜单一百强，是入选的唯一生物学著作。""它的成功一劳永逸地证明，人们已经准备好用演化论的观点来思考自己的生活了。"

莫利斯感慨万千："真难以置信，《裸猿》初版问世已过去半个世纪。更难以置信的是，在我 90 岁时，我还能站在这里庆贺它出版 50 周年。""耄耋之年，回顾人生，我没有偏离人的生物秉性，没有在那些偏离的活动上浪费光阴。"

何道宽
于深圳大学文化产业研究院
深圳大学传媒与文化发展研究中心
2020 年 3 月 20 日

《裸猿》在中国的传播和影响

为节省篇幅，我们决定浓缩第一、二版序跋，加上《裸猿》在中国传播的背景进行整理，特就我个人阅读、观察、翻译和传播《裸猿》及其作者德斯蒙德·莫利斯的体会，草就这篇短文。

我对德斯蒙德·莫利斯及其作品的理解有一个过程，要言之：结识40年，认知有加深。

1980年8月，我有幸成为新时期首批留洋学者之一。受四川省高教局的派遣，我以交换学者身份在美国戈申学院（Goshen College）研修一年。刚到不久，在逛旧书店淘书时，一眼相中 *The Naked Ape*，爱不释手。这本另类的人类学畅销书非常惊人：封面上赫然一个裸体男人，封底文字惊世骇俗，迥异于我在国内接触的费孝通等人类学家和社会学家的作品。他竟然把人类当作动物来研究！同行的朋友怀疑其价值，我对此则坚信不疑。

1985年，四川人民出版社推出大型"走向未来丛书"，激起滔天巨浪。以此为先导，神州大地掀起新学新知的狂潮。我翻译的《裸猿》第一版（天津百花文艺出版社，1987）就是其中一朵小小的浪花。

1990 年代中期，一位好事者兴办"新语丝"网站，把我这个《裸猿》译本放在网上，供人免费阅读下载。彼时，诸如此类的侵权行为，难以究责，无可奈何。于我而言，这却如塞翁失马，意外促成了何译本《裸猿》的传播。

在接下来的十余年里，一共出了 7 个《裸猿》中译本（大陆 6 本，台湾 1 本）。2010 年，复旦大学出版社购得"裸猿三部曲"（《裸猿》《人类动物园》和《亲密行为》）版权，希望由我操刀翻译。2019 年，上海译文出版社有意再版我这个"裸猿三部曲"译本，2020 年推出。这两套译本的问世已然并将继续推进生物人类学的发展。

为什么要引进莫利斯的《裸猿》？其价值何在？我在 1987 年版《裸猿》的译者序里做了简要的回答。这些论断依然有效，摘录在此，以飨读者：

"（1）作为权威的动物学家和生物人类学家，作者占有最新颖、最权威的素材。

"（2）清新、朴实的文字明白如话，精当、幽默的比喻引人入胜，强烈、鲜明的对比入木三分，使作品具有很强的可读性。

"（3）作品定名为《裸猿》是别具匠心的。对于这一点，作者在书末有一个很好的说明：对于人类的辉煌成就本来可以大唱赞歌，之所以未唱赞歌，是想给作品一种震撼人心的力量；在攻击性、领地欲、战争威胁、人口爆炸等问题上，仍然暴露出人的生物学属性；在强调文化的生物学基础方面，作者故意说了一些过头的话，故意给人以当头棒喝，故意给人一些失之过简、失之过偏的印象：这一切的目的都是为了冷静、严肃地思考当代（20 世纪 60 年代）人类最紧迫的几个问题：人口爆炸、生态失衡、'核'云压顶。

"（4）社会生物学、生物人类学和文化人类学迄今为止在国内几为空白，亟须予以介绍。关于社会生物学（人类社会行为的生物学基础），已有《新的综合》（收入"走向未来丛书"）引进。关于文化人类学，我们应尽快介绍美国人类学家霍尔（E. T. Hall）的四部曲……关于生物人类学，莫利斯的著作具有极大的权威性和代表性。

"（5）本书在物种水平上研究人类基本行为的生物学基础，《新的综合》在分子水平和基因水平上研究人类行为的生物学基础，两本书构成互补的关系，参照阅读能收到相得益彰之效。

"（6）本书在纵横两根轴上进行博大精深的比较。在横轴上，作者以精湛的知识、广阔的视野、比较动物学的权威，对比了人类行为和动物行为尤其是人类近亲灵长类的行为，追溯其渊源、展示其联系。在纵轴上，作者以高屋建瓴之势，博采和综合从达尔文以来各家的结论和假说，提出独到的人类起源和人类演化的理论，其标新立异、首创精神感人至深，其新颖观点、精湛学识令人瞠目。"

《裸猿》是比较动物学的杰出代表，在绪论末尾，莫利斯写道：

"不考虑人类技术和语言的细节，只集中研究人类生活中与其他物种有明显可比基础的那些方面，诸如摄食、梳理、睡眠、争斗、交配、育儿等活动。面对这些基本的问题，裸猿的反应是什么？他的反应与猴类和猿类的反应有何异同之处？他在哪方面有独特之处？他的奇特之处与他的演化过程有何关系？

"研讨这些问题时，我意识到要冒风险开罪人。有人不愿意认认真真考虑自身的动物属性。也许他们认为，我用赤裸裸的动物语言来探讨这些问题，有损于我们人类的形象。对此，我只能向他们保证，我无意贬低人类。还有人会因为动物学家侵入他们的专业领地而愤愤不平。然而我确信，这种研究方法极有价值；它可能会有这样那样的不足，可是它对于揭示我们这个无与伦比的物种那纷繁复杂的本性，会给人以新的（在有些地方甚至是出乎意料的）启示，使人感到耳目一新。"

果不其然，中国读者的反应出奇得好。

2000 年 3 月，复旦版的"裸猿三部曲"引起评论界的超常关注。4 月，北京的《科学时报》、深圳的《晶报》、西安的《华商报》约我访谈，整版报导。7 月 14 日，《南方周末》又刊发我的文章《"裸猿三部曲"的警世基调》。自此，复旦版中译本"裸猿三部曲"传遍媒体和书界。

2020 年，上海译文版的"裸猿三部曲"在抗疫斗争中问世，必将引起更深刻的反响和反思：这套书描绘人与己、人与人、现代人与裸猿祖先的关系，这与"道法自然"颇多暗合。我们要善待自己、善待他人、善待动物，实现人与人、人与社会、人与动物、人与万物的和谐，实现"人类命运共同体"的愿景。

何道宽
2020 年 3 月 20 日

THE NAKED APE: A ZOOLOGIST'S STUDY OF THE HUMAN ANIMAL
by
DESMOND MORRIS
Copyright © Desmond Morris, 1967
This edition arranged with Random House UK
through Big Apple Agency, Inc., Labuan, Malaysia.
Simplified Chinese edition copyright:
2020 SHANGHAI TRANSLATION PUBLISHING HOUSE (STPH)
All rights reserved.

图字：09‑2020‑384 号

图书在版编目(CIP)数据

裸猿 /（英）德斯蒙德·莫利斯（Desmond Morris）
著；何道宽译. —上海：上海译文出版社，2021.3（2025.6 重印）
（译文科学）
书名原文：THE NAKED APE: A ZOOLOGIST'S STUDY
OF THE HUMAN ANIMAL
ISBN 978‑7‑5327‑8477‑6

Ⅰ.①裸… Ⅱ.①德… ②何… Ⅲ.①个人社会学‑
研究 Ⅳ.①C912.1

中国版本图书馆 CIP 数据核字（2021）第 019868 号

裸猿

[英] 德斯蒙德·莫利斯 著 何道宽 译
责任编辑/刘宇婷 装帧设计/柴昊洲 封面插画/Nicki

上海译文出版社有限公司出版、发行
网址：www.yiwen.com.cn
201101 上海市闵行区号景路 159 弄 B 座
上海新华印刷有限公司印刷

开本 890×1240 1/32 印张 7.75 插页 2 字数 147,000
2021 年 4 月第 1 版 2025 年 6 月第 2 次印刷
印数：20,001—21,000 册

ISBN 978‑7‑5327‑8477‑6
定价：48.00 元